中国心理学会临床心理学注册工作委员会

《中国心理学会
临床与咨询心理学工作伦理守则》
解　　读

主　编　钱铭怡
副主编　安　芹　桑志芹

图书在版编目(CIP)数据

《中国心理学会临床与咨询心理学工作伦理守则》解读 / 钱铭怡主编. —北京：北京大学出版社，2021.7
ISBN 978-7-301-32232-1

Ⅰ. ①中… Ⅱ. ①钱… Ⅲ. ①咨询心理学–职业道德–中国–学习参考资料 Ⅳ. ①C932

中国版本图书馆 CIP 数据核字(2021)第 106269 号

书　　　名	《中国心理学会临床与咨询心理学工作伦理守则》解读 ZHONGGUO XINLIXUE HUI LINCHUANG YU ZIXUN XINLIXUE GONGZUO LUNLI SHOUZE JIEDU
著作责任者	钱铭怡　主编
责任编辑	赵晴雪
标准书号	ISBN 978-7-301-32232-1
出版发行	北京大学出版社
地　　　址	北京市海淀区成府路 205 号 100871
网　　　址	http://www.pup.cn　　新浪微博：@北京大学出版社
电子信箱	zpup@pup.cn
电　　　话	邮购部 010-62752015　发行部 010-62750672　编辑部 010-62752021
印　刷　者	天津中印联印务有限公司
经　销　者	新华书店
	720 毫米×1020 毫米　16 开本　15 印张　237 千字 2021 年 7 月第 1 版　2025 年 3 月第 6 次印刷
定　　　价	45.00 元

未经许可，不得以任何方式复制或抄袭本书之部分或全部内容。
版权所有，侵权必究
举报电话：010-62752024　电子信箱：fd@pup.pku.edu.cn
图书如有印装质量问题，请与出版部联系，电话：010-62756370

编 委 会

主 编 钱铭怡

副主编 安 芹　桑志芹

编 委 (按姓氏音序排列)

　　　　陈昌凯　陈向一　高 隽　马向真

　　　　孟 莉　田成华

序　言

由钱铭怡教授领衔编写的《〈中国心理学会临床与咨询心理学工作伦理守则〉解读》一书即将出版发行，我作为在中国心理学会临床与咨询心理学专业机构和专业人员注册系统(以下简称"注册系统")中工作过三届、十年，特别是担任注册系统伦理工作组三届组长的专业人员，内心既感到喜悦和欣慰，也倍加感慨和激动。本书勾起我很多的回忆。钱铭怡教授邀请我作序，尽管手头的工作非常繁忙，但我还是欣然答应了，出于对注册系统、对伦理工作的深厚感情，更出于心理咨询教育工作者的社会责任。

职业伦理对于从事心理咨询与心理治疗的心理健康工作者而言是专业的宝典，必须了解和熟知，而伦理守则出台更是行业规范的标志。但是，在2007年之前，虽然也有钱铭怡教授等专家积极呼吁建立心理咨询与心理治疗工作者的道德准则，但国内的心理咨询与心理治疗专业培训中还是很少进行伦理培训，从业人员更热衷于学习心理咨询与心理治疗的理论流派和各种咨询技术，在实务工作中缺乏伦理意识，心理健康服务行业缺少监管和自律。2007年毫无疑问是我国心理咨询与心理治疗事业发展中的重要转折之年。这一年，中国心理学会临床与咨询心理学专业机构和专业人员注册系统成立了，第一版《中国心理学会临床与咨询心理学工作伦理守则》获得了中国心理学会常务理事会的批准，作为重要文件发表在《心理学报》2007年第5期上，成为国内心理健康服务领域中第一个真正意义上的伦理守则，得以推出并实施。此后，注册系统伦理组不断开展系统内伦理培训、系统外伦理宣传、行业内伦理倡导，并开始接受伦理投诉。在艰难的长达9个月的第一例实名投诉的处理过程中，初步建立了伦理投诉的处理流程和规范。

2016年年底，随着国内心理健康服务需求的快速增长，国家22部门联合发布了《关于加强心理健康服务的指导意见》，全社会对规范的心理健康服务更加期待。2017年，也是第一版伦理守则发布十周年，在回顾和反思这些年伦理建设的进展，以及临床工作发展的现实需要后，我们强烈地感到修订伦理守则的必要性。在注册系统的指导下，伦理组动员所有成员，人人参与，分工合作。一方面翻译国外心理咨询与心理治疗相关专业机构的最新伦理守则为修订工作提供参考，另一方面从实践中搜集伦理相关议题进行研讨，也从钱铭怡等学者开展的临床实务工作伦理研究发现中找到切入点，开始了第二版伦理守则的修订工作。为了提高工作效率，我们专门成立了伦理守则修订工作组，集中了在京的伦理组成员，多少个周末开会研讨，一字一词精心斟酌，边吃盒饭边加班加点，清华大学伟清楼、北京大学哲学楼、九华山庄等地，都留下了我们的身影和足迹。借此机会，我想对工作组的成员们再次表达深深的感谢，徐凯文、安芹、田成华、刘军都是我的战友。2017年秋，第二版伦理守则的征求意见稿完成，提交注册系统，广泛征求意见，之后又修改了十几稿。最终，集中了注册系统全体成员智慧的第二版伦理守则于《心理学报》2018年第11期发表，成为我国心理咨询与心理治疗行业进入新的发展阶段的重要文件。那一刻，我流泪了。

近年来，在注册系统的积极努力下，心理咨询与心理治疗伦理培训在更大范围内推动，成为心理健康服务专业人员自觉的意识。学习伦理守则，了解伦理规范，提高伦理敏感度，实践符合伦理的行为在行业里逐渐成为一种新风气。

伦理之所以成为议题，在于助人专业的特殊性和伦理困境的复杂性。放眼全世界心理咨询与心理治疗相关专业团体，无不重视伦理守则的编制和修订。伦理守则代表了一种专业工作中理想的目标或者规范的行为准则，为心理健康服务从业者提供行为规范，为实务工作提供指导，为当事人、助人者自身和社会大众权益提供保护，也为心理健康服务专业获得信任、尊重、认可提供保证。不学习伦理就不可能成为有效能的咨询师。因此，伦理是助人专业的基础课和必修课。

序　言

学习伦理守则、遵循伦理规范可以协助临床与咨询心理学专业人员在遇到复杂的伦理问题时可辨识，能判断，提高应对的能力。我在清华大学心理学系为临床与咨询心理学方向的研究生开设"临床心理实务与督导"课程，其中三分之一以上的学时是用来学习和研讨伦理议题，学生们的反应是"不学不知道，一学吓一跳"，原来心理咨询和心理治疗的实务工作中处处都有伦理的议题。但由于缺乏符合国情的由我国学者编写的伦理教材，一直以来都是参考由美国学者撰写的教材。尽管在学习第二版伦理守则时，我们一条一条地讨论过，但仍有很多需要解读的内容有待深入学习。因此，本书的出版非常必要也非常及时，对于学习者理解伦理的重要性，提升伦理的意识，增强伦理的判断，做出符合伦理的决策非常有参考价值。不仅适合职前培训学历教育中的临床与咨询心理学专业研究生学习，也同样适合工作在心理健康服务一线的医生、心理咨询师、心理治疗师、社会工作者、心理辅导老师等专业助人工作者参考和遵循。

尽管伦理关注的是临床与咨询工作中什么是正确和恰当的，但实务工作中的伦理议题确实非常复杂，伦理守则本身并不能直接回答实务工作者面临的每一个伦理难题。但当我们面对各种伦理问题和两难困境时，伦理守则为我们做出合理的判断和处理伦理问题提供了方向，这就是——促进当事人的福祉，在自己的能力范围内工作，以负责而符合伦理的方式执业，提高执业品质，维护专业的信誉，增进民众的心理健康、幸福和安宁，促进和谐社会的发展。

樊富珉

清华大学心理学系教授，清华大学积极心理学研究中心主任

中国心理学会临床心理学注册工作委员会监事组组长

中国科协全国临床与咨询心理学首席科学传播专家

2020年11月11日

目　录

1 概论 ··· 1
第一节　制定伦理守则的意义 ·· 2
第二节　伦理守则与伦理的总则 ·· 7

2 专业关系 ··· 17
第一节　理解专业关系 ·· 17
第二节　专业关系一章伦理条款及其解读 ·· 18
第三节　典型案例分析 ·· 31

3 知情同意 ··· 39
第一节　理解知情同意及伦理意义 ·· 39
第二节　知情同意一章伦理条款及其解读 ·· 40
第三节　典型案例分析 ·· 49

4 隐私权与保密性 ·· 55
第一节　理解隐私权和保密性 ·· 55
第二节　隐私权和保密性一章伦理条款及其解读 ··· 56
第三节　典型案例分析 ·· 65

5 专业胜任力和专业责任 ·· 75
第一节　理解专业胜任力和专业责任 ·· 75
第二节　专业胜任力和专业责任一章伦理条款及其解读 ·· 80

第三节　典型案例分析……………………………………………… 85

6　心理测量与评估 ……………………………………………………… 93
　　第一节　理解心理测量与评估……………………………………… 93
　　第二节　心理测量与评估一章伦理条款及其解读………………… 96
　　第三节　典型案例分析……………………………………………… 105

7　教学、培训和督导 …………………………………………………… 111
　　第一节　理解教学、培训和督导中遵守伦理的重要性…………… 111
　　第二节　教学、培训与督导一章伦理条款及其解读……………… 112
　　第三节　典型案例分析……………………………………………… 116

8　研究和发表 …………………………………………………………… 123
　　第一节　理解研究和发表相关的伦理……………………………… 123
　　第二节　研究和发表一章伦理条款及其解读……………………… 125
　　第三节　典型案例分析……………………………………………… 130

9　远程专业工作(网络/电话咨询) …………………………………… 137
　　第一节　网络心理咨询概述………………………………………… 137
　　第二节　网络心理咨询伦理及远程专业工作一章伦理条款解读… 141
　　第三节　典型案例分析……………………………………………… 148

10　媒体沟通与合作 …………………………………………………… 153
　　第一节　理解媒介伦理与心理咨询专业伦理……………………… 153
　　第二节　媒体沟通与合作一章伦理 条款及其应用………………… 155
　　第三节　应用伦理守则理解媒体传播中的 心理服务对象………… 159
　　第四节　应用伦理守则明确通过媒体传播的基本目标…………… 162

11　伦理问题处理 ……………………………………………………… 167
　　第一节　咨询师与伦理守则………………………………………… 167
　　第二节　伦理投诉处理程序………………………………………… 170
　　第三节　专业机构及同行对违反伦理问题的专业应对…………… 175
　　第四节　咨询师的伦理自觉及自我监控…………………………… 179

12 伦理决策 ·· 183
    第一节 伦理决策概述 ··· 183
    第二节 伦理决策模型与运用 ··· 190

【附录1】 中国心理学会临床与咨询心理学工作伦理守则(第二版)············201

【附录2】 中国心理学会临床心理学注册工作委员会伦理投诉处理办法······219

【附录3】 中国心理学会临床心理学注册工作委员会伦理投诉处理流程······221

后记 ···223

1 概　　论

《中国心理学会临床与咨询心理学工作伦理守则》(中国心理学会，2007)于2007年发布，已应用多年；2018年，《中国心理学会临床与咨询心理学工作伦理守则(第二版)》在《心理学报》发表(中国心理学会，2018a)，目前已经付诸实施。

《中国心理学会临床与咨询心理学工作伦理守则》(以下简称"伦理守则")第一版是由中国心理学会临床与咨询心理学专业委员会成员组织起草并制定的，由中国心理学会常务理事会于2007年2月通过，发表于《心理学报》2007年第5期(中国心理学会，2007)。2016年2月，中国心理学会临床心理学注册工作委员会开始伦理守则的修订工作，至2018年，《中国心理学会临床与咨询心理学工作伦理守则(第二版)》(中国心理学会，2018a)修订完成，获得中国心理学会常务理事会通过，发表在《心理学报》2018年第11期上。

> 《中国心理学会临床与咨询心理学工作伦理守则(第二版)》(以下简称《守则》)和《中国心理学会临床与咨询心理学专业机构和专业人员注册标准(第二版)》由中国心理学会授权临床心理学注册工作委员会在《中国心理学会临床与咨询心理学工作伦理守则》和《中国心理学会临床与咨询心理学专业机构和专业人员注册标准》基础上修订。

第一节　制定伦理守则的意义

一、伦理的概念

伦理,意思是人伦道德之理,指人与人相处的各种道德准则(中国社会科学院语言研究所词典编辑室,2016)。伦理的"伦"即人伦,指人与人之间的关系;"理"即道理、规则。"伦理"就是人们处理相互关系应遵循的道理和规则。

伦理包括普通伦理和应用伦理。普通伦理不是针对特定个体或群体的,是为所有个体提供道德指引的伦理;其重点在于对具有普遍性的伦理事件,从宏观抽象的角度提炼出规则和道理,"然后将这些理论应用于实际案例"(斯佩里,2012)。

应用伦理则是将伦理理论应用于实际的案例或情境中的伦理,涉及特定的个体或团体。应用伦理包括"专业伦理、组织伦理、环境伦理,以及社会和政治伦理"。在应用伦理中,当"伦理起源涉及专业问题,就称为专业伦理"(斯佩里,2012)。

从哲学的角度看,伦理通常从理论上探讨什么是"正确的"(right)行为(Cottone,Tarvydas,2003),并为此提出相应的规则。这里的"正确的"也可以译为"正当的"。

心理学领域的伦理,按照上述观点,即属于专业伦理。Corey等人(1998)认为:伦理是个人或团体用以规范正当行为的道德准则。这一概念简洁易懂,偏重于伦理作为一种尺度或界限,用以确定什么是好的、正确的、适当的、适宜的行为,具有规范作用。

实际上,伦理的概念,既包含了道德准则和其规范作用,即伦理的界限是什么,如何界定;也包括了应用伦理原则的实施与行动,即怎样做是正确的、符合伦理的行为。

林家兴(2014)认为伦理的概念,同时涵盖了伦理意识、伦理敏感度、伦理思考、伦理抉择,以及伦理实践。因此他给出的伦理定义,偏重于伦理的实践和结果：专业伦理系指心理师在执行业务时，能够节制自己的专业特权和个人欲望，遵循伦理守则和执业标准，为个案提供最好的专业服务，以增进个案的福祉。

伦理定义的不同，反映了不同作者对伦理的侧重点的理解的差异。本书对伦理的定义更多考虑的是伦理作为衡量专业行为的尺度和标准，作为适宜或不适宜行为的界限，以帮助专业人员更好地进行伦理决策，并最终做出适当的符合伦理的行动。因此，考虑以Corey等人(1998)的伦理概念作为伦理的定义。

二、伦理守则及其意义

心理咨询与心理治疗是服务于人的专业工作，强调咨询师/治疗师与来访者的关系和互动。因此，这一领域的专业伦理聚焦于专业人际角色及与他人互动的行为规范。

咨询师/治疗师作为人均有各自的优点和不足，在心理咨询或治疗工作中，可能因此导致服务质量的差异。为保障专业工作质量，保障来访者的福祉，同时也为保护咨询师的权益，各个国家的专业组织会制定和发布相应的专业伦理守则。

伦理守则反映的是专业组织对专业行为的处理原则及其价值观。隶属于某个专业组织的成员，需要遵从伦理守则行事，"即使这些守则中的某些价值标准可能与他们个人生活中信奉的道德标准有冲突，他们依然应该服从伦理守则的规定"(维尔福，2010)。

中国心理学会于2018年发布的《中国心理学会临床与咨询心理学工作伦理守则(第二版)》开宗明义，明确说明了制定这一守则的意义。

> 制定本《守则》旨在揭示临床与咨询心理学服务工作具有教育性、科学性与专业性，促使心理师、寻求专业服务者以及广大民众了解本领域专业伦理的核心理念和专业责任，以保证和提升专业服务的水准，保障寻求专业服务者和心理师的权益，提升民众心理健康水平，促进和谐社会发展。本《守则》亦作为本学会临床与咨询心理学注册心理师的专业伦理规范以及本学会处理有关临床与咨询心理学专业伦理投诉的主要依据和工作基础。

中国心理学会临床心理学注册工作委员会提倡，在心理咨询和心理治疗领域工作的所有专业人员都要学习伦理守则，并且把学习伦理守则的规定写入了《中国心理学会临床与咨询心理学专业机构和专业人员注册标准》(以下简称"注册标准")。注册标准里面规定注册助理心理师、心理师、督导师每一个注册期在继续教育学习要求中专业伦理培训至少16学时(中国心理学会，2018b)；而在申请助理心理师和心理师之前，申请者也需要有16学时的伦理学习；对于督导师，申请前3年的伦理培训则要求至少达到24学时。

之所以对伦理学习提出明确的要求，是因为心理咨询和心理治疗是专业性的工作，必须规范专业人员的专业行为，排除那些打着"心理咨询"或"心理治疗"旗号的非专业或伪专业行为的干扰，保障来访者权益，维护专业声誉。

目前国内心理咨询和心理治疗领域在许多方面存在不规范行为，例如宣传广告(夸大的广告宣传、自造的专业术语等)、服务收费(打包销售、霸王条款等)、专业关系(与来访者发展多重关系、性关系等)、知情同意与保密(无知情同意过程、未经许可透露来访者信息等)、干预过程(使用未经检验的干预方法、随意变换时间地点等)，问题众多。究其原因，或因伦理法律意识淡薄，或因个人利益膨胀所致，更因许多专业人员半路出家，没有接受过系统的专业训练，缺乏伦理培训所致。

专业人员只有通过学习伦理守则，提升伦理敏感度，才能更清楚地意识到专业工作中的伦理议题，更好地做出伦理决策，规范自己的行为。专业人员按照伦理守则行事：对外，有助于保障寻求专业服务者的福祉，维护专业信誉，获得公众信任；对内，有助于提高自身专业素养，提升服务品质，也有利于保护自身的权益。

我们常常把伦理守则比作交通规则，一位司机开车上路，需要具备良好的驾驶技术，与驾驶技术同样重要的是要掌握交通规则，遵守交通规则才能畅行八方；而不按交通规则开车，我行我素，则有更大的可能性会出各类交通事故，甚至车毁人亡。在心理咨询与心理治疗领域，这个比喻十分贴切。只有专业技能、不懂专业伦理或者不遵循专业伦理者，更易于造成违反伦理甚至法律的事端。严重违反伦理，可能导致职业生涯的结束，或者被法律制裁，这样的情形时有耳闻。在车祸现场,人们常常感悟:开车上路,交规先行的道理。从这种意义上看,心理咨询和心理治疗实践,也需要先用伦理守则武装头脑,因为伦理可以使专业人员明确自己的行为边界,对于专业人员及专业工作具有指导、规范及保护作用。

本书基于中国心理学会于2018年发布的《中国心理学会临床与咨询心理学工作伦理守则(第二版)》,以介绍伦理守则总则、各章的要点为主,对伦理守则进行解读,并辅以案例讨论及分析,希望能够对专业人员学习伦理守则提供信息和帮助。

三、与伦理守则及本书有关的名词概念

中国心理学会于2018年发布的《中国心理学会临床与咨询心理学工作伦理守则(第二版)》,其后对伦理守则涉及的临床与咨询心理学及其专业人员和服务对象附有专门的名词定义(中国心理学会,2018a)。

对于本书涉及的心理咨询和心理治疗,其定义分别为:

(1) 心理咨询(counseling):基于良好的咨询关系,经训练的临床与咨询专业人员运用咨询心理学理论和技术,消除或缓解求助者心理困扰,促进其心理健康与自我发展。心理咨询侧重一般人群的发展性咨询。

(2) 心理治疗(psychotherapy):基于良好的治疗关系,经训练的临床与咨询专业人员运用临床心理学有关理论和技术,矫治、消除或缓解患者心理障碍或问题,促进其人格向健康、协调的方向发展。心理治疗侧重心理疾患的治疗和心理评估。

从上述定义可以看到,两者既有联系,也有区别。其相似点在于二者均须基于良好的专业关系基础之上,由经过专业训练的专业人员对来访人员或患者进行工作。在本书中有些论述对心理咨询与心理治疗进行了区分,更多的论述则将二者统称为心理咨询,读者在阅读时须注意这一点。

心理治疗和心理咨询,在心理学中属于临床与咨询心理学的专门领域。伦理守则对于临床与咨询心理学的定义分别为:

(1) 临床心理学(clinical psychology):心理学分支学科之一。它既提供相关心理学知识，也运用这些知识理解和促进个体或群体心理健康、身体健康和社会适应。临床心理学注重个体和群体心理问题研究，并治疗严重心理障碍(包括人格障碍)。

(2) 咨询心理学(counseling psychology)：心理学分支学科之一。它运用心理学知识理解和促进个体或群体心理健康、身体健康和社会适应。咨询心理学关注个体日常生活的一般性问题，以增进其良好的心理适应能力。

国外高校培养的临床心理学专业的研究生毕业后多在医疗相关领域从事心理治疗，而毕业于咨询心理学专业的研究生多从事心理咨询方面的工作。我国也有类似倾向，但近年来一些高校在设置专业时，会考虑将其名称定为临床与咨询心理学方向，使培养出来的学生有更好的就业前景。

伦理守则没有专门定义临床或咨询心理师，只定义了"心理师"。对于未来进入中国心理学会临床与咨询心理学专业机构和专业人员注册系统的人员，称谓具体为临床心理师还是咨询心理师，要依据其所接受的专业训练而定。心理师的定义如下：

心理师(clinical and counseling psychologist)：系统学习过临床与咨询心理学专业知识、接受过系统的心理治疗与咨询专业技能培训和实践督导，正从事心理咨询和心理治疗工作，并在中国心理学会有效注册的督导师、心理师、助理心理师。心理师包括临床心理师(clinical psychologist)和咨询心理师(counseling psychologist)，二者界定依赖于申请者学位培养方案中的名称。

本书在称谓的使用上，论及心理咨询和心理治疗专业人员时，如涉及伦理守则及相关内容，会采用"心理师"的称谓；也常用心理咨询师或咨询师指代心理咨询师、心理治疗师。这一点，请读者在阅读时知悉。

与此相同的是对寻求专业服务者的称谓。在伦理守则中，使用的是寻求专业服务者(professional service seeker)，其定义为：来访者(client)、精神障碍患者(patient)或其他需要接受心理咨询或心理治疗专业服务的求助者。在本书中，包括许多专业文献论及的个案、咨客、当事人等，均使用来访者指代所有寻求专业心理咨询、心理治疗服务的人员。

第二节 伦理守则与伦理的总则

一个专业组织的伦理守则，通常包括导言、伦理总则、伦理条款、名词解释等几个部分。伦理总则是整个伦理守则遵从的总的原则，这些总的原则，正是专业伦理核心价值观的体现。

随着社会的发展，专业领域的情况也在变化，因此伦理守则中的条款也会更新、修改。即便如此，专业人员也无法从伦理守则中找到可以与某些具体的专业行为直接对应的伦理条款。在此种情况下，专业人员需要注意的是，遵从伦理的行为，最终都会回到伦理的总则，参照伦理的最基本的原则行事。

伦理总则与具体的伦理条款相比较，是更抽象的，在专业人员的临床实践中不能直接使用，但其却可以为专业人员的伦理决策提供有益的参考框架。

一、对伦理守则总则的解读

《中国心理学会临床与咨询心理学工作伦理守则(第二版)》(中国心理学会，2018a)伦理总则与第一版伦理守则中的总则内容整体一致，包括 5 项原则：善行、责任、诚信、公正和尊重。这 5 项原则都非常重要，在专业伦理决策中应努力遵从。

1. 伦理总则：善行

伦理总则中第一个原则是善行。正如 Fisher(2013)对美国心理学会(APA)伦理原则"A-获益性和不伤害"的总结，直观地说，这条原则反映了专业人员要努力做到的双重责任：行善事，免伤害(to do good and avoid doing harm)。善行的原则包括两个层面的含义：其一是专业人员的工作目的是要使寻求专业服务者从其提供的服务中获益；其二是保障寻求专业服务者的权利，避免伤害。其中，不伤害是专业伦理最基本的要求，获益性则是对专业人员较高的要求。

> 善行：心理师的工作目的是使寻求专业服务者从其提供的专业服务中获益。心理师应保障寻求专业服务者的权利，努力使其得到适当的服务并避免伤害。

要做到善行的要求，心理咨询与心理治疗人员应将来访者的福祉放在自己伦理决策的考量中的第一位。例如某咨询师收到电视台邀请在某个访谈节目中以自己的一位来访者为对象展示如何对该来访者进行帮助，虽然电视节目编导认为这样做对广大受众了解心理咨询会有助益，但咨询师考虑到这个来访者属于缺乏边界意识的人，在电视节目录制过程中可能会过多暴露其隐私，来访者可能会因此受到伤害，最终没有同意录制此电视节目。

获益性和不伤害，需要专业人员首先考虑来访者的需求。当咨询师个人的需求与来访者的需求不一致时，需要优先考虑来访者的需求。前面的例子中，咨询师没有同意上电视节目，他自己可能因此失去了一次扬名的机会。如果咨询师考虑自己的需求，倾向于自我获益，则可能将来访者的利益放在一边。在上述例子中咨询师更多地考虑了来访者的福祉，考虑其免受可能的伤害，这样的行为即是善行。

2. 伦理总则：责任

总则中的责任，包括三个层面的含义。第一个层面是：心理咨询和心理治疗专业人员要有基本的专业胜任力，这样才能保证自己专业服务的质量；且需要持续不断地参加继续教育学习，保持专业水准。

此外，专业人员要与寻求专业服务者建立信任关系，信守承诺，为寻求专业服务者保守秘密。而心理咨询和心理治疗中保密的承诺，既是专业的和伦理的要求，也是对个人隐私保护的法律责任，这是责任原则的第二层含义。

> 责任：心理师应保持其服务工作的专业水准，认清自己的专业、伦理及法律责任，维护专业信誉，并承担相应的社会责任。

例如，在心理咨询与治疗实践中，如遇到个别非专业的领导要求查看咨询或治疗案例记录，从专业责任的角度，应予拒绝；仅在遇到伦理守则中 3.2 及 3.3 中的特殊情况，即保密例外时，才能突破保密的限制。例如在遇到有来访者可能对自己或他人构成严重伤害的情况下，专业人员突破保密，告知来访者的一些信息，是对生命的尊重，亦是专业人员的职责所在。这与拒绝领导查看案例记录一样，都是遵循了专业责任的要求，维护了专业信誉。

责任原则的第三层含义是指专业人员作为社会的一员，有责任承担社会的责任，例如需要准备好为社会大众贡献自己的专业知识、技能和时间，包括从事低收费或无报酬的专业服务工作等。

3. 伦理总则：诚信

心理咨询和心理治疗专业人员在对待来访者时需以诚待人，这样才能与来访者建立良好的咨询或治疗关系；对待自己的同事或同行及相关专业人员，也需要以诚相待。对待专业工作，包括临床实践、教学与督导、研究与发表、宣传与推广，遵从科学原理，参考循证证据，不欺骗，不剽窃，不夸大干预效果，不做虚假承诺，认认真真做人，实实在在做事，是诚信这一原则的重点所在。

> 诚信：心理师在工作中应做到诚实守信，在临床实践、研究及发表、教学工作以及各类媒体的宣传推广中保持真实性。

例如，在现实中，有人一开始就向来访者夸下海口，包治包好，实际干预情况却不尽如人意；有人为评职称，抄袭他人文章向专业杂志投稿发表。夸大疗效，看似为了招揽顾客，但可能仅是一锤子买卖；抄袭看似走了捷径，但实际上却丢失了做人的人品。丧失诚信的做法，到头来往往得不偿失，诚信才是立身之本。

4. 伦理总则：公正

心理咨询与心理治疗专业人员在临床实践、教学、督导、研究、宣传等各项工作中，对待来访者、学生、被试及各类人群，均要公平，不应偏向、偏袒一些人，更不能歧视不同性别、年龄、种族、阶层、地域等人群。

> **公正**：心理师应公平、公正地对待专业相关的工作及人员，采取谨慎的态度防止自己潜在的偏见、能力局限、技术限制等导致的不适当行为。

例如，有人给自己喜爱的学生比其应该获得的分数更高的成绩；将来自某个区域的人都看作是具有特定特质的一类人；等等。事实上，专业人员需要有伦理敏感性，能够对自己的言行不断进行反省，不断反思自己的态度、行为与工作，才能努力做到对各类人士一视同仁。

与此同时，专业人员也需要不断学习，提升自己的专业胜任力，避免因自己的胜任力不足及使用的技术方法不当而造成的对服务对象的福祉的不利影响。

5. 伦理总则：尊重

尊重原则涉及尊重寻求专业服务者的隐私权及自我决定的自主权。

2020年5月28日，第十三届全国人民代表大会第三次会议通过的《中华人民共和国民法典》增加了人格权编，第一千零三十二条为"自然人享有隐私权。任何组织或者个人不得以刺探、侵扰、泄露、公开等方式侵害他人的隐私权"，并明确说明"隐私是自然人的私人生活安宁和不愿为他人知晓的私密空间、私密活动、私密信息"。

在心理咨询与心理治疗工作中，来访者会暴露自己的私密信息，专业人员须为其隐私保守秘密。从专业角度看，除了涉及生命安危或法律要求的例外情况之外，为来访者保守秘密是专业工作者对来访者负责的承诺，是专业关系建立的基本条件之一，是专业工作取得成效的基本保证，也是专业伦理的最基本的要求。此外，为来访者的隐私保密，也是心理咨询和心理治疗工作中的法律责任。《中华人民共和国精神卫生法》第二十三条明确指出："心理咨询人员应当尊重接受咨询人员的隐私，并为其保守秘密。"

> 尊重：心理师应尊重每位寻求专业服务者，尊重其隐私权、保密性和自我决定的权利。

对来访者隐私的保密，需要咨询师和治疗师头脑中随时随地拉紧保密这根弦。来访者的情况不能告诉亲朋好友，不能把来访者的信息作为茶余饭后的谈资，这是必须做到的；在咨询门诊接待室，当有其他人在场时，不能说出来访者的名字；在门诊的公共区域不能讨论案例，这也是应该注意的。

除了尊重来访者的隐私权之外，尊重其自主权也是非常重要的方面。这意味着咨询师和治疗师应尊重其自主决定权，包括其自主决定是否进行咨询或治疗，自主做出其人生中的重要决策。在心理咨询和心理治疗实践中，专业人员需要帮助来访者逐步减少对咨询师或治疗师及他人的依赖，学会运用自己的资源和能力，最终能够自主面对和解决自己的问题，达到心理的成长。

上述 5 项伦理总则，与其后分章节列出的伦理条款不同，各项伦理条款更为具体，属于伦理标准；总则属于一般性原则。对于专业人员而言，其言行应尽可能符合 5 项伦理总则的要求，但在面对具体的伦理议题时，也需要具体情况具体分析。总则中的各项内容可以看作是专业组织对专业人员的期望，目的是鼓励心理咨询和心理治疗专业人员"达到专业的最高理想"(引自 APA 伦理守则；见维尔福，2010)。

二、总则与案例探讨

总则看起来比较抽象，以具体案例进行说明，可以加深对总则中各项原则的理解。在探讨案例时，我们既需要了解正确地处理好的案例，也需要辨识有违伦理的案例，以便由此及彼，由表及里，更好地理解伦理总则，在面对不同情况时，更好地做出符合伦理的决策。

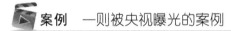
案例 一则被央视曝光的案例

2019 年 8 月中央电视台财经频道播出一则报道，指出了心理咨询领域的乱象，下面是此报道的部分内容*：

目前，市场上的心理咨询价格普遍依据心理咨询师的资质、从业经验等，实行阶梯定价，每小时800~4000元不等，而且经常会推出打折、赠送时长等活动。在这样的模式下出现了一些心理咨询师恶意拖延时长、诱导过度消费的现象。许先生(化名)和王女士(化名)夫妇就陷入了这样的泥潭。

许先生：就是一个无底洞。三四年下来，花了40万元。

王女士：每一次当我走到门口打开大门的时候，他(心理咨询师)就会说"你回来，你回来"……一共走了三次都没走成，最后就拖成了五个小时，一直咨询到晚上12点多。

此外，虽然合同中明确写道："如有需要进行录音、录像的话，会在征得您同意的情况下进行。"但直到许先生和王女士为剩余257分钟争取退款之时，他们才知道心理咨询的全程都有录音。

某心理咨询师：如果她(王女士)要把这个事捅出去，我会把2017年的所有录音证据全拿出来。

请思考以下几个问题

1. 上述案例中心理咨询服务的收费情况是合适的吗？
2. 上述案例中心理咨询师拖延时间的做法是合适的吗？
3. 上述案例中心理咨询师针对会谈录音的做法是合适的吗？
4. 对照伦理总则中的5项原则，在上述案例中你能够发现哪些问题？

分析与讨论

中央电视台曝光的事件，即使是非专业的人员，从社会道德的角度，也可以看到咨询师的一些行为有违公序良俗。如果把专业伦理看作是一种衡量专业工作的尺度或界限，那么读者可以依据伦理总则来探讨上述案例中的行为是否合适、是否适当。

---

* 中央电视台财经频道《第一时间》栏目组. 心理咨询名不副实，价高时长"聊效"甚微. (2019-08-25) [2021-06-11]. http://tv.cctv.com/2019/08/25/ VIDEzsSjOic1M2uYyZHW3XAo190825.shtml.

以伦理总则的要求看，善行要求心理咨询师的工作"使寻求专业服务者从其提供的专业服务中获益。心理师应保障寻求专业服务者的权利，努力使其得到适当的服务并避免伤害"。在"获益性"层面，从咨询师的角度看，咨询师考虑的是自己的获益，还是来访者的福祉？从来访者的角度看，来访者是否在交费之后获得了适当的服务，是否感受到了咨询师的温暖、共情和善意？在"不伤害"层面，从咨询师的角度看，咨询师是否考虑到应尽自己最大的努力避免对来访者造成伤害？从来访者的角度看，来访者在经济上是否受到了损失？来访者在心身方面是否受到了伤害？

心理咨询与心理治疗工作之所以能够顺利开展，重要的原则之一是诚信。诚信要求专业人员"在工作中应做到诚实守信"。从这一点来看，咨询师在咨询前对来访者做了什么承诺？当来访者要求对未进行咨询的部分时间进行退款时，咨询师的言行又如何？面对未经许可的录音，且咨询师说可能要将咨询录音公布，来访者的感受如何？当了解到这个情况后，咨询还能继续进行下去吗？

此外，咨询师与来访者需要建立相互信任的关系，另一个重要原则是尊重。咨询师"应尊重每位寻求专业服务者，尊重其隐私权、保密性和自我决定的权利"。在尊重来访者"自我决定的权利"方面，从咨询师的角度看，是否将来访者要结束咨询看作是来访者自己有权决定的事项？其是否做到了对来访者的自我决定权的尊重？如果咨询师真正尊重来访者的自我决定权，他怎么做更合适？从来访者的角度看，开始和结束咨询关系，是否应该是自己可以决定的事项？咨询师的做法是否威胁到了其自我决定的正当权利？在"尊重隐私权、保密性"方面，从咨询师的角度看，其是否愿意尊重来访者的隐私权？是否愿意为来访者保守秘密？从来访者的角度看，咨询师私自录音，并且声称要将录音"全拿出来"，是否侵犯了来访者的隐私权？

总则中的责任一项要求"心理师应保持其服务工作的专业水准，认清自己的专业、伦理及法律责任，维护专业信誉，并承担相应的社会责任"。在"专业水准"方面，从咨询师的角度看，其工作在胜任力的三个层次：知识、技能和态度方面，是否存在问题？其工作在专业设置上是否合乎专业要求？其服务行为是否合适？从来访者的角度看，来访者是否认为获得了符合专业水准的服务？来访者对自己所获得的服务是否满意？在"维护专业信誉"方面，从咨询师的角度看，其行为是为专业工作增光添彩还是令其黯然失色？从来访者的角度看，他们会因此仍然对心理咨询充满期待，还是失望满怀？当公众了解了此事，他们将会如何看待心理咨询？

整体而言，心理咨询和心理治疗专业人员，在从事心理咨询和心理治疗服务工作中，应认真履行自己的职责，考虑来访者的福祉，不应将自己个人的需求凌驾于咨询或治疗关系之上，始终将来访者的获益性和不伤害放在心上。咨询或治疗开始，知情同意书的签署，是咨询师与来访者双方对未来咨询或治疗的承诺，对咨询师而言，需要认真对待，而不应出现违反知情同意进行录音的行为，更不能做出违反保密原则将咨询内容公开的行为。尊重来访者的隐私权，是专业伦理的要求，也是法律的要求，即便是普通公民，其个人隐私也会受到法律保护。对咨询师而言，不能用长时间的捆绑收费绑架来访者；来访者的去留，每一次的咨询时间是有固定设置的，而咨询次数应依据来访者自身要解决的问题的情况，依据咨询师所做个案概念化及干预计划，同时依据来访者自己希望达到的目标而定，并非由收费情况和咨询师的个人意志所决定。咨询师与来访者的关系，会影响咨询的质量和效果，而这个关系的好坏，与咨询师是否真诚可信、是否尊重来访者、是否真正关心来访者、是否真正想帮助来访者有关。

咨询师的个人行为虽小，但却可能影响到公众对整个专业领域的看法。中央电视台对心理咨询行业乱象的曝光，实际上反映了这一领域管理的缺位。管理一方面需要对进入专业领域的人员有准入的标准，有持续的要求(例如需要从事专业领域的工作、需要不断接受继续教育等)；另外还有一个关键环节，即建立组织的伦理守则，以伦理守则规范相关领域的专业人员。

本书即对《中国心理学会临床与咨询心理学工作伦理守则(第二版)》总则和各章进行简要介绍。本章介绍了伦理的总则，以下各章将分别对专业关系、知情同意、隐私权与保密性、专业胜任力和专业责任、心理测量与评估、教学培训和督导、研究和发表、远程专业工作(网络/电话咨询)、媒体沟通与合作、伦理问题处理等进行介绍和解读。

小 结

伦理是个人或团体用以规范正当行为的道德准则。伦理守则反映的是专业组织对专业行为的处理原则及其价值观。隶属于某个专业组织的成员,需要遵从伦理守则行事。中国心理学会2018年发布的《中国心理学会临床与咨询心理学工作伦理守则(第二版)》是对心理咨询与心理治疗专业人员行为规范的指导性文件。

在《中国心理学会临床与咨询心理学工作伦理守则(第二版)》中,总则是一般性原则,包括:善行、责任、诚信、公正和尊重。这五项原则都非常重要,在专业伦理决策中应努力遵从。

思 考 题

1. 为什么将专业伦理守则比作专业领域的交通规则?
2. 临床与咨询心理学专业伦理仅仅是保护来访者的吗?
3. 中国心理学会的伦理守则中的总则反映了专业组织的哪些期望?
4. 为什么说"不伤害"是心理咨询与心理治疗伦理中最基本的要求?
5. 专业人员应注意承担哪些社会责任?
6. 在心理咨询与心理治疗工作中,诚信为什么非常重要?
7. "公正"在心理咨询和心理治疗工作中体现在哪些方面?
8. 为什么说尊重隐私权是对专业人员的伦理要求,也是法律的要求?

参 考 文 献

斯佩里, 2012. 心理咨询的伦理与实践. 侯志瑾, 译. 北京:中国人民大学出版社.

林家兴, 2014. 咨商专业伦理:临床应用与案例分析. 新北:心理出版社.

博塞夫, 2012. 心理学研究中的伦理冲突. 苏彦捷, 等译. 重庆:重庆大学出版社.

维尔福, 2010. 心理咨询与治疗伦理:第3版. 侯志瑾, 李文希, 珠玛, 等译. 北京:世界图书出版公司北京公司.

中国社会科学院语言研究所词典编辑室, 2016. 现代汉语词典. 7版. 北京:商务印书馆.

中国心理学会，2007. 中国心理学会临床与咨询心理学工作伦理守则. 心理学报，39(5)：947-950.

中国心理学会，2018a. 中国心理学会临床与咨询心理学工作伦理守则：第2版. 心理学报，50(11)：1314-1322.

中国心理学会，2018b. 中国心理学会临床与咨询心理学专业机构和专业人员注册标准：第2版. 心理学报，50(11)：1303-1313.

American Psychological Association，2010. Ethical principles of psychologists and code of conduct. Washington: APA.

COREY G，COREY M S，CALLANAN P，1998. Issues and ethics in the helping professions. 5th eds. Pacific Grove，CA: Brooks/Cole Publishing Company.

COTTONE R，TARVYDAS V，2003. Ethical and professional issues in counseling. 2nd eds. New Jersey: Merrill Prentice Hall.

FISHER C，2013. Decoding the ethics code: a practical guide for psychologists. Los Angeles: SAGE.

2

专 业 关 系

第一节 理解专业关系

伦理守则的第一章即为专业关系,提示了其在心理咨询和心理治疗临床实践和伦理议题中所处的重要位置。心理咨询和心理治疗中的专业关系是咨询师与来访者在心理咨询和心理治疗过程中产生的一种特殊的人际关系,其不同于任何一种社会关系。

这种关系是一种帮助关系,是来访者主动寻求帮助后,建立在对来访者进行帮助的基础之上的关系。这种关系是非强制性的,是职业性的,是仅在特定的时间、地点,为特定的目的服务而建立的关系。

从专业角度看,良好的专业关系的建立需要咨询师做到对来访者的共情、积极关注、尊重与温暖、真诚可信,这些是罗杰斯所倡导的影响专业关系的必要条件,也是专业人员所认可的专业关系的重要影响因素。罗杰斯曾经指出:许多用心良苦的咨询之所以未能成功,是因为在这些咨询过程中,未能建立起一种令人满意的咨询关系(Rogers,1942)。这提示我们专业关系的重要性。良好的关系能够促进咨询和治疗的进程,有助于疗效的产生。

"伦理实践是一种鲜活的关系性体验"(斯佩里,2012)。专业关系对咨询或治疗成效有举足轻重的作用,在伦理实践中也是如此,且因为心理咨询和治疗是助人的专业工作,专业关系贯穿整个咨询和治疗过程,伦理议题也因此需时时处处予以关注。在临床实践中只有把握好专业关系的界限,处理好专业关系中的各项伦理议题,才能使专业关系真正发挥促进咨询和治疗进程的作用。

第二节　专业关系一章伦理条款及其解读

一、建立专业关系的目的

伦理守则在专业关系一章伊始，开宗明义，要求咨询师要在伦理规范的指引下与来访者建立良好的专业关系，而这是以增进来访者的福祉为目的的。

> 心理师应按照专业的伦理规范与寻求专业服务者建立良好的专业工作关系。这种工作关系应以促进寻求专业服务者成长和发展、从而增进其利益和福祉为目的。

从伦理角度看，临床实践中的专业关系同样需以五项原则——善行、责任、诚信、公正、尊重为准绳。伦理守则代表专业组织对其成员的要求，也反映着专业领域中其成员某些共同的道德和价值取向。伦理原则和具体条款，与专业人员的理解和临床实践，其间仍存在一定的差距。

1. 专业关系中的善行、公正和尊重

在心理咨询和治疗过程中，咨询师不可避免地会遇到自己的需求与来访者的需求矛盾，或所在单位要求与来访者利益之间的冲突。伦理守则要求专业人员始终将来访者和大众的福祉放在首位。第一章专业关系的条款中，1.1，1.2和1.5体现了伦理总则的精神。

在伦理守则的总则中，强调了心理师应遵从善行的原则。心理咨询和心理治疗，以及与之相关的培训、教学、研究等一系列工作，都涉及人与人之间的关系。无论处于何种关系之中，心理师首先要牢记自己的专业责任，牢记专业服务的目标是使来访者获益，关注来访者或其他人群的利益，避免伤害。

> 1.2 心理师应充分尊重和维护寻求专业服务者的权利，促进其福祉；应当避免伤害寻求专业服务者、学生或研究被试。

在心理咨询和治疗专业服务工作中，可能会遇到各种与咨询师在年龄、性别、民族、宗教、文化背景、受教育状况、经济状况、社会阶层、性的取向和价值观等方面存在不同的服务对象，还可能遇到身体残疾、精神障碍人士。对于与自己在许多方面存在不同的人士，咨询师应一视同仁，不以貌取人，不受刻板印象影响，不因贫富而将人分为三六九等，公平、公正地对待所有人。对于宗教信仰、价值观与自己不同的人，不将自己的信仰和价值取向强加于对方；对于性取向不同的人，对于有精神疾病者，不歧视，努力做到理解和接纳。

在心理咨询和治疗中，来访者是前来寻求帮助的人，这使得咨询师在双方的关系中成为更有优势和权力的人。因此伦理总则中的尊重，对心理师而言就成为非常主要的原则。"尊重"影响着专业关系的建立，从而影响咨询或治疗的效果，并直接影响到来访者的福祉。见伦理守则 1.1 和 1.5。

> 1.1　心理师应公正对待寻求专业服务者，不得因年龄、性别、种族、性取向、宗教信仰和政治立场、文化水平、身体状况、社会经济状况等因素歧视对方。

> 1.5　心理师须尊重寻求专业服务者的文化多元性。心理师应充分觉察自己的价值观，及其对寻求专业服务者的可能影响，并尊重寻求专业服务者的价值观，避免将自己的价值观强加给寻求专业服务者或替其做重要决定。

咨询师应对自己与来访者的关系有清晰的自我觉察，自己对某个来访者的感受、做法，为什么与对另一个来访者不同，是否反映了自己没有平等对待这个来访者？是否潜藏着对这个来访者的轻视？或者是否没有将来访者的福祉放在优先考虑的位置？在出现专业关系问题，甚至与来访者有冲突时，咨询师须思考，自己的言行是否会对来访者造成伤害？如果发生了伤害，咨询师应做出努力，消除由此带来的负面影响。

2. 专业关系中应保障来访者的福祉

伦理守则规定，当心理师为来访者提供心理咨询和治疗服务时，应清楚地介绍收费标准，按照当地政府要求或所在单位规定恰当收费。目前国内有些私人开业机构以一种商业化的"买十赠一"的方式收取服务费用，这样的销售方式，来访者看似没有吃亏，但实际上，来访者如果缴纳了十次费用，仅做了两次或三次咨询，想离开不做时，往往难以获得退费。没有获得退费，事实上是剥夺了来访者自主做决定的权利；难以退款，也损害了来访者的利益。这种情况是咨询师或机构利用了其提供服务的优势和权力，从自身利益出发制定收费规则，而并未平等地为来访者考虑。此外，伦理守则也建议心理师应避免采用以物易物的方式与来访者做服务的交换，或者以让来访者提供劳务服务作为专业服务的回报。这是因为考虑到这样做可能出现剥削来访者的情况，导致冲突，使双方关系出现问题，而无法保障来访者的利益。

> 1.3 心理师应依照当地政府要求或本单位规定恰当收取专业服务费用。心理师在进入专业工作关系之前，要向寻求专业服务者清楚地介绍和解释其服务收费情况。

> 1.4 心理师不得以收受实物、获得劳务服务或其他方式作为其专业服务的回报，以防止引发冲突、剥削、破坏专业关系等潜在危险。

进一步看，如果咨询师在收费方面没有做出使来访者利益受损的行为，没有直接为自己获益的情况，但其请来访者帮助照顾自己的亲友的生意，或者请来访者给自己的亲友提供优惠的服务(例如，亲友买房，要求来访者给予折扣)，仍然是与保障来访者福祉的要求相背离的。

> 1.6 心理师应清楚认识自身所处位置对寻求专业服务者的潜在影响，不得利用其对自己的信任或依赖剥削对方、为自己或第三方谋取利益。

二、专业关系的界限

心理咨询与治疗中的专业关系是人际关系；这种关系中的咨询师与来访者之间的权利是不对等的，因此有研究者认为：适当的界限可以保护来访者的利益(斯佩里，2012)。"本质上，界限可以视为咨询关系的框架和限制，其规定了来访者和咨询师的角色和规则"(斯佩里，2012)。

在专业伦理的培训过程中，专业人员讨论最多，同时也感到问题最多的部分即是专业关系，而在专业关系部分探讨最多的是与多重关系相关的议题。这些议题都涉及专业关系的界限在哪里，如何理解专业伦理中对多重关系所制定的界限。

在美国心理学会的伦理中对多重关系有这样的表述，即专业人员以专业的角色，同时与该来访者有其他角色关系；或者同时与和该来访者有密切关系的人具有其他角色关系；或者未来将进入某种角色，将与来访者或与其有密切关系的人进入某种角色关系(APA, 2010)。简而言之，多重关系即指咨询师除了与来访者有心理咨询或治疗关系之外，还存在其他社会关系，包括与来访者有密切关系的亲属具有某种社会关系。

如果咨询师除了与来访者有咨询关系之外，还与来访者或和其有密切关系的亲属有另外一种社会关系，可称为双重关系(例如，咨询师与来访者同时是经营网店的合作伙伴)；如果存在两种以上的关系，即为多重关系(例如，咨询师同时是来访者的辅导员，来访者母亲的同学)。

多重关系可以划分为性的多重关系和非性的多重关系。伦理守则1.7至1.10是为心理师与来访者关系中涉及性和非性的多重关系制定的规则和限定。其中1.7，1.10涉及非性的多重关系，1.8，1.9涉及性的多重关系。

1. 非性的多重关系及界限

非性的多重关系是指，咨询师与来访者除了专业关系之外还有其他不涉及性及亲密关系的社会关系。上述社会关系，可能是在咨询师与来访者建立专业咨询或治疗关系之前就存在了的关系，例如咨询师与来访者以前是大学同学；也可能是建立专业关系之后发展出的新的社会关系，例如咨询师与一位一起工作了几个月的来访者的一个表兄成为一个新建教育机构的合伙人。

在心理咨询与治疗专业领域，非性的多重关系常常让咨询师感觉处于两难境地。一方面，伦理要求咨询师尽可能避免与来访者发生多重关系；另一方面，人情社会的环境氛围，令咨询师难以拒绝领导、朋友、熟人提出的或提出并推荐其家人前来咨询的要求。

在心理咨询与治疗实践过程中，咨询师在感觉和来访者的工作进行不下去时，常常发现他们之间的关系成为羁绊；督导师在进行专业督导时，也常常发现，咨询或治疗的阻力，源于咨询师和来访者的关系过于纠缠。例如，咨询师先后接待了一位母亲和其十几岁的儿子分别作为个体咨询的来访者，发觉自己时常成为夹在母子中间的那个人；另一个因领导的要求而接待了领导的妻子为来访者的咨询师，则因了解了领导与妻子之间的矛盾常常为如何回应领导对咨询情况的询问而苦恼，同时在对其妻子的咨询中也感觉受到了干扰。类似的情况易对咨询师在咨询中的客观性、公平性造成影响。

在伦理守则专业关系一章中，1.7，1.10涉及非性的多重关系。条款1.7要求心理师了解多重关系的影响，尽可能避免与来访者发生多重关系。而条款1.10则明确说明与朋友和亲人间不得建立专业关系。

> 1.7 心理师要清楚了解多重关系(例如与寻求专业服务者发展家庭、社交、经济、商业或其他密切的个人关系)对专业判断可能造成的不利影响及损害寻求专业服务者福祉的潜在危险，尽可能避免与后者发生多重关系。在多重关系不可避免时，应采取专业措施预防可能的不利影响，例如签署知情同意书、告知多重关系可能的风险、寻求专业督导、做好相关记录，以确保多重关系不会影响自己的专业判断，并且不会危害寻求专业服务者。

> 1.10 心理师和寻求专业服务者存在除性或亲密关系以外的其他非专业关系，如可能伤害后者，应当避免与其建立专业关系。与朋友及亲人间无法保持客观、中立，心理师不得与他们建立专业关系。

除了朋友和亲人,其他非性的多重关系是否要一律避免,在国外学术界是有一定争论的。有观点认为有些多重关系并非是有害的,有的甚至对来访者是有利的。因此,伦理守则并未禁止非性的多重关系,而采用了"尽可能避免"的措辞。

美国心理学会的伦理守则论及多重关系时,其后还有一句补充说明,即"当没有剥削及伤害的迹象时,多重关系也并非是不伦理的(not unethical)"(APA,2010,3.05)。这实际上论及了多重关系可能存在的可行条件。即使是经过判断不会对来访者构成伤害,咨询师在进入多重关系之前及在咨询或治疗过程中,也应与自己的督导师或资深专家探讨自己与已有某种社会关系的人士建立心理咨询或治疗关系,是否存在问题或是否会导致伤害等,对此进行记录;并在建立专业关系伊始的知情同意部分,与来访者进行明确的利弊探讨。

2. 性的多重关系及界限

伦理守则 1.8,1.9 涉及性的多重关系。性的多重关系包括涉及性的以及心理师与来访者建立的亲密关系,也涉及通过电子媒介建立的性与亲密关系。

> 1.8 心理师不得与当前寻求专业服务者或其家庭成员发生任何形式的性或亲密关系,包括当面和通过电子媒介进行的性或亲密沟通与交往。心理师不得给与自己有过性或亲密关系者做心理咨询或心理治疗。一旦关系超越了专业界限(例如开始性和亲密关系),应立即采取适当措施(例如寻求督导或同行建议),并终止专业关系。

与对于非性的多重关系存在不完全一致的看法的情况不同,对于心理咨询与治疗中性的多重关系,在世界范围内的相关伦理守则中均是明令禁止的。美国咨询学会(ACA)进一步明确严禁发生性和亲密关系的范围还包括来访者的亲密关系(伴侣);同时,也不允许咨询师与曾经有过性或亲密关系的人建立咨询关系(ACA,2014)。

咨询师与来访者的性或亲密关系在心理咨询或治疗进行过程中是被禁止的,且此种禁止性的规定在咨询或治疗结束一段时间之后仍然有效。如果咨询师与来访者在咨询或治疗过程中因相互爱恋而立即中断专业关系，发展亲密关系，是有悖伦理的。中国心理学会的伦理守则1.9明确说明在专业关系结束后至少三年内不得建立此类关系。而这个三年，不是指心理师与来访者在咨询或治疗期间已暗生情愫，咨询或治疗结束后藕断丝连，而是双方在心理咨询与治疗期间所建立的是正常的专业关系，专业工作结束三年后才有进一步的新的交往。

> 1.9 心理师在与寻求专业服务者结束心理咨询或治疗关系后至少三年内，不得与其或其家庭成员发生任何形式的性或亲密关系，包括当面和通过电子媒介进行的性或亲密的沟通与交往。三年后如果发展此类关系，要仔细考察该关系的性质，确保此关系不存在任何剥削、控制和利用的可能性，同时要有可查证的书面记录。

从禁止的时间规定看，不同专业组织对时间期限的要求不同。例如，APA的要求是两年(APA，2010)，ACA要求五年，且说明了即使五年之后发生此类关系也应有书面文字证明，并不建议咨询师进入此类关系："咨询师在与来访者结束咨询后的五年内，不得与之发生性关系或亲密关系，也不得与其配偶或家庭成员发生性关系或亲密关系。五年后，咨询师如果希望与之前的来访者或其配偶或其家庭成员发生性关系或亲密关系，必须事先以书面形式证明这种关系不带有剥削性质，而且不会对来访者造成伤害。为了避免对来访者造成剥削或伤害，建议咨询师不要与来访者发生此种关系(ACA，2014)。"这一条款在对性和亲密关系的禁止年限上的要求比我们的要求更为严格；同时要求咨询师有书面文字记录。这与我们的伦理守则1.9所要求的书面记录是类似的，即在达到规定年限后心理师与前来访者发展此类关系，需要确认此关系不会导致剥削来访者等不利的情况。

3. 逾越界限的影响

专业的界限，是专业工作顺利进行的保障。多重关系往往会模糊专业界限，甚至违背专业伦理，对专业关系造成消极影响，影响咨询或治疗效果，还可能会伤害来访者。

(1) 多重关系对专业关系及咨询或治疗效果的不利影响。

伦理守则为专业关系设定界限，可以预防多重关系对专业工作的负面影响。其影响可能体现在两个方面：对专业关系的影响和对咨询或治疗效果的影响。

非性的多重关系，可能出现在咨询师与来访者已存在某种社会关系的情况下，又建立了专业关系。例如，某咨询师接待了一位自己朋友的家人为来访者；来访者在进行咨询时可能会因担心自己说的话及诉求被咨询师告知家人而隐瞒了某些重要内容，此时双方难以建立相互信任的关系，咨询效果也难以显现。如果咨询师与来访者已经建立了咨询关系，又发现双方在社区共同被选举为同一个委员会的委员，未来要一起工作，此时新的关系会对已有的专业关系造成影响：也许咨询师会更想使自己帮助对方的工作尽快显现成效，或者因双方新的关系而与对方拉开距离，这些都不利于双方的咨询或治疗联盟的保持，也会因专业关系中掺杂了其他因素而使咨询或治疗工作受到影响。

当然，非性的多重关系的影响并非总是不利的，这也是研究者之间常常有争论之处。因此，在专业伦理中对此类关系的提醒是：注意是否会存在剥削及伤害，是否影响咨询师的客观、中立，以及"尽可能避免"多重关系。

对于性的多重关系，对专业工作关系及效果会造成明显的不利影响。专业关系原本是为帮助来访者而建立的，帮助来访者减轻或消除其心理困扰，在心理上有所成长是咨询或治疗的目的。一旦咨询师与来访者卷入了性或亲密关系，双方的需求变了，专业关系也随之变质了。双方所建立的关系的目的不再单纯，咨询师工作的目的和来访者的来访目的都会发生改变。咨询师自己的需求卷入其中，不但难以保持客观和中立，也不会将来访者的利益放在首位，咨询或治疗的效果也就无法保证。

(2) 多重关系中的剥削及伤害。

在伦理守则中论及性和非性的多重关系时，多处提及剥削、不利影响和伤害。这是因为，在心理咨询和治疗过程中，咨询师和来访者双方存在权力的差异，很多时候是咨询师在主导专业关系的走向。达菲指出："当咨询师的需求和利益占了上风时，即其需求和利益先于来访者的需求、利益和整体的福祉时，就会出现权力滥用、界限侵犯等典型的利益冲突(见斯佩里，2012)。"

在非性的关系中，当咨询师请来访者帮些小忙(例如每次来心理门诊前帮忙取快递或干洗衣物)或要求来访者出让一些经济利益(例如以成本价为自己的亲友购买贵重物品)，来访者或出于报恩，或担心如果不同意咨询师的请求对自己未来求治不利而答应咨询师时，利用甚至剥削就出现了。

而在性的关系中，情况可能更为复杂。从来访者一方看，一方面可能因本身就存在性及亲密关系的问题，也可能因移情而表现出对咨询师的"爱恋"；另一方面，面对咨询师或明或暗的示意，来访者也可能会感觉有人需要自己(即满足了来访者问题的某种心理需求)，或因自己是求助者而顺从咨询师的需求。从咨询师一方看，与来访者的性或亲密关系，是在满足其自身的需求、权力或欲望的付诸行动，是将自己的需求凌驾于来访者的利益之上的行为，常常有明显的剥削、控制和利用的情况。

更为严重的是，与咨询师有性关系的来访者不但没有解决自己所求助的问题，其咨询或治疗的结果还可能雪上加霜。美国的一项对559位与治疗师有过性关系的受访者的调查发现，认为非常有害者占总受访者的90%，导致的伤害从对异性关系的不信任到需要住院治疗，有些人甚至曾出现自杀行为(见Corey等，2019)。因此，各专业组织所制定的伦理条款对于性的多重关系均采用了严格禁止的规定。不仅如此，美国许多州将在治疗中的不当性接触写入法律条文，此类行为属于刑事犯罪。治疗师在法律上会遭遇诉讼，甚至会被判刑；在专业方面会被专业组织开除，其专业执照会被撤销或暂停，失去专业工作；如果被判缓刑，会被要求进行心理治疗，即使允许其恢复执业，也会被严密监控并要求接受督导(见Corey等，2019)。

4. 对专业关系的界限的评估及应对

伦理守则对性与非性的多重关系在不同程度上设定了专业界限。从本质上看，伦理守则中专业关系界限的设立是符合伦理总则精神的，是善行、责任、诚信、公正和尊重的具体体现。

咨询师对专业关系界限的认识，对跨越界限的情境的觉察，对涉及多重关系的情境的处理，不是一次性事件，而是在与来访者相处的各种情境及一系列事件中不断经历的过程。有些咨询师与来访者的性或亲密关系的建立，即可能是先从互有好感，加微信，在微信中互相点赞，相约喝一杯咖啡聊几句，到更多的社会性接触，约会，直至发生更亲密的行为。正如达菲指出的："权力滥用是一个过程，而不是一次事件(见斯佩里，2012)。"

因此，咨询师需要了解多重关系的影响，对专业关系的界限有清晰的认识，防微杜渐。在临床实践中，因多重关系存在的潜在破坏性，Younggren 和 Gottlieb 建议将其看作需要进行评估和风险管理的议题，以便对此进行更广泛和更系统的思考。他们认为，良好的风险管理有利于提供良好的服务，既为病人提供令其满意的服务，也要保护服务的提供者(见博塞夫，2012)。

对于是否卷入多重关系，Younggren 和 Gottlieb 有如下的评估建议(见博塞夫，2012)：

- 卷入双重关系是必要的吗？还是应该避免？
- 双重关系是否会对病人造成潜在的伤害？
- 如果伤害看似不太可能或者是可以避免的，那这种额外的关系是有益的吗？
- 双重关系是否具有破坏治疗关系的风险？
- 我们能否客观地评价这件事？

这个评估建议，不仅给了我们一个评估的框架，而且有助于我们从不同的角度对多重关系进行预估和事先准备。首先评估是否一定要卷入双重关系，可否避免？例如同事前来求助，是否仅提供知识性的帮助即可，而非建立正式的咨询或治疗关系；或者可以将其介绍给其他咨询师，如果可以，不必涉足多重关系。如果已经建立了专业关系，是否还要和来访者建立其他关系？如果我们不是咨询师的身份，来访者是否愿意和我们建立新的关系，例如帮助我们的朋友？这样的关系对专业关系的影响是不是消极的，会对来访者造成剥削或伤害吗？假如在军队中，士兵不可能外出找其他咨询师进行咨询或治疗，军队的咨询师在接待同一部队的士兵咨询时，需要考虑新的关系对作为来访者的士兵是否利大于弊。此外，是否进入多重关系，还在于是否能够客观地审视当事人双方及整个事件。

一个非常有帮助的方法是，邀请督导师或者某个资深咨询师帮助我们一起分析涉及多重关系的事件及其影响；此外，如果确定进入新的关系，事先的分析和记录是必要的；与来访者在建立正式的咨询关系前做好知情同意及相关记录；在其后保持对关系影响的觉察，持续接受督导并记录相关关系事件及自己的思考；必要时仍需要认真考虑进行转介。

三、专业关系中的其他伦理议题

在伦理守则的专业关系一章中，伦理条款 1.11 至 1.17 涉及心理师对已经开展的心理咨询与治疗工作的安排，中断、终止服务，转介及与其他专业服务者的关系；1.18 还论及礼物。

1. 咨询师与其他专业服务者的关系

尽管大多数心理咨询与心理治疗为咨询师对来访者进行个体服务，不会涉及其他同行，但咨询师的工作仍然经常会与其他同行有交集。涉及可能都是在心理咨询或心理治疗领域工作的同行，例如两个人接待了同一个来访者，也许是同一时期，也许是来访者先后在不同的咨询师那里接受咨询；咨询师也可能会与心理健康服务领域的"大同行"，例如精神科医生、临床社会工作者等合作，例如对一位重性精神疾病患者，需要精神科医生、心理治疗师、临床社会工作者一起工作。伦理条款 1.14 和 1.15 要求咨询师尊重专业同行，很好地处理共同服务的来访者事宜，与专业"大同行"建立积极的合作关系。切勿唯我独尊，对他人的工作进行贬损。

> 1.14 本专业领域内，不同理论学派的心理师应相互了解、相互尊重。心理师开始服务时，如知晓寻求专业服务者已经与其他同行建立了专业服务关系，而且目前没有终止或者转介时，应建议寻求专业服务者继续在同行处寻求帮助。

> 1.15 心理师与心理健康服务领域同行(包括精神科医师/护士、社会工作者等)的交流和合作会影响对寻求专业服务者的服务质量。心理师应与相关同行建立积极的工作关系和沟通渠道,以保障寻求专业服务者的福祉。

2. 专业服务的中断、终止及转介

咨询师对来访者的责任及尊重,在心理咨询与治疗过程中,不仅体现在每一次咨询或治疗会谈中,也体现在对咨询或治疗工作的整体安排中。例如,在连续性咨询或治疗过程中,咨询师一定会遇到单位突然安排的工作打乱了咨询日程或治疗安排的情境,也会有自己家有特别的事情临时需要调整咨询或治疗时间的情况,还会有咨询师自己生病、休假等情况。在这些情况下,咨询师应尽可能早地告知来访者,及时调整咨询和治疗时间安排;如果确有很紧急的事件,实在无法提前通知,应为来访者补充安排其他咨询时间。

> 1.11 心理师不得随意中断心理咨询与治疗工作。心理师出差、休假或临时离开工作地点外出时,要尽早向寻求专业服务者说明,并适当安排已经开始的心理咨询或治疗工作。

当遇到咨询师出国,举家搬迁到其他城市,或者重病修养一段时间等;或者来访者搬迁到其他城市,而来访者的情况仍需要继续进行心理咨询或治疗时,咨询师就需要将来访者转介给其他专业人员。转介还可能发生在咨询师并不能很好地帮助来访者的情况下。例如实习咨询师难以胜任对具有复杂型创伤的来访者的心理治疗,此时应与督导师进行认真的分析探讨,如果明确继续将来访者留下来,无法保证来访者的福祉,就应将来访者转介给具备创伤治疗胜任力的咨询师。无论是何种情况的转介,都应清晰记录有关情况。

> 1.12 心理师认为自己的专业能力不能胜任为寻求专业服务者提供专业服务,或不适合与后者维持专业关系时,应与督导或同行讨论后,向寻求专业服务者明确说明,并本着负责的态度将其转介给合适的专业人士或机构,同时书面记录转介情况。

此外，咨询师不得利用转介谋取个人私利，例如不得无故将自己在工作单位(如咨询中心)接待的来访者转为自己私人诊所的来访者；或者将来访者转给其他单位并收取转介的介绍费用等。

> 1.16 在机构中从事心理咨询与治疗的心理师未经机构允许，不得将自己在该机构中的寻求专业服务者转介为个人接诊的来访者。
>
> 1.17 心理师将寻求专业服务者转介至其他专业人士或机构时，不得收取任何费用，也不得向第三方支付与转介相关的任何费用。

3. 专业服务中与礼物相关的议题

来访者在来访过程中向咨询师赠送礼物，这在心理咨询和治疗中是经常发生的事情。在中国文化下，也常常被认为具有特定的文化含义(例如拉近人际关系、表达敬重或感激等)。

来访者在什么情况下会给咨询师送礼呢？维尔福(2010)曾经对此进行探讨：来访者认为礼物能帮助他们提升在咨询师内心的地位，或者使咨询师的服务保持良好水准；对于低自尊的来访者，为使咨询师对其感兴趣而送礼；一些来访者甚至试图利用礼物以获得咨询师对他们做出更为积极的评估报告；还有人会以礼物表达他们对咨询师的感激等。

与礼物相关的情况还包括：礼物可能来自来访者,也可能是来访者的家人(例如其父母)送的；礼物可能是贵重的(例如高级化妆品)，也可能价格不高，或者是自制的(例如来访者手绘的小卡片)。

> 1.18 心理师应清楚了解寻求专业服务者赠送礼物对专业关系的影响。心理师在决定是否收取寻求专业服务者的礼物时需考虑以下因素：专业关系、文化习俗、礼物的金钱价值、赠送礼物的动机以及自己接受或拒绝礼物的动机。

从伦理条款1.18看，伦理守则对咨询师是否收取礼物并没有提出具体的接受或拒绝的说明。事实上，礼物也是涉及专业工作的界限的问题之一。因此，针对来访者或其亲属送礼的不同情况，咨询师需要具体情况具体分析，以确定如何行动才能够保证来访者的福祉，保证咨询师为来访者服务的客观性不会受到礼物的影响，以践行专业伦理的要求。通常情况下，来访者送礼可能导致咨询师被操纵，或者送礼行为是来访者问题模式的一种表现时，咨询师应把送礼行为纳入心理咨询或治疗的概念化及干预中考虑；而咨询或治疗结束时来访者赠送的表示感激的经济价值低的小礼物(例如贺卡)，有些咨询师则认为接受不会影响咨询师的客观性及来访者的福祉，无涉剥削等问题，因此会选择接受。也有些咨询师参照国外学校或机构制定的接受礼物的价格上限(例如美国有学校规定接受的礼物不得超过20美元)，自己定出相应的人民币价值的许可范围；有些咨询中心在咨询须知部分明确说明本中心的咨询师一律不接受任何礼物和馈赠。在我国，许多人认为礼物涉及我们的文化和礼仪，需要放在文化背景中考虑，例如拒收是否驳了对方的面子、影响咨询关系。更多的咨询师遇到礼物问题，会将其纳入咨询的考量之中，会和来访者对送礼的想法和行为进行专门的讨论。

总之，礼物问题并不简单，需要从文化、来访者的具体情况、礼物的含义、礼物涉及的与咨询相关的议题等方面进行思考。注意具体情况具体分析，以更好地拿捏处理的分寸。

第三节 典型案例分析

在多次专业培训中，我们发现，从业人员对于专业关系一章各条款的理解存在不同，对不同的案例的讨论是有争议的，对各条款的临床实施应如何进行也各有差异。专业伦理中专业关系的部分，一直是讨论和争议的焦点之一。

 案例1 非性的多重关系

关女士和高先生是一对夫妻，关女士在所居住的城市中的一个有一定名气的心理咨询公司工作，是公司中最受欢迎的咨询师之一；高先生则是一位工程师，在一家建筑公司工作。一次偶然的机会，高先生在和公司的主要领导之一任先生聊天时提及自己妻子的工作，任先生了解到关女士的咨询做得很不错时，立即询问可否请其为自己15岁的女儿咨询。任先生在一年前与妻子离婚，他的女儿正好处于青春期，知道父母离婚后，逐渐出现诸多问题，沉迷网络，学习成绩下滑。在和高先生讨论之后，关女士决定接受任先生的女儿作为自己的来访者。在咨询过程中，任先生多次电话联系关女士，询问女儿咨询的进展情况，关女士也会择要将一些情况告知他。在此期间，高先生感觉到任先生对自己的工作多有关照，他有时也不知不觉想向妻子询问任先生女儿的近况，并希望妻子一定要认真对待任先生女儿的咨询工作。

请思考以下几个问题

1. 本案例中咨询师和来访者涉及几重关系？这些关系会给咨询师的咨询工作带来什么影响？

2. 如果你是关女士，你是否会和关女士做一样的决定：接受丈夫领导的孩子作为自己的来访者？

3. 如果你和关女士的决定不一样，你会怎么考虑，以什么标准进行判断？具体会怎么处理？

4. 在本案例中，如果关女士接受了任先生的孩子做咨询，之后意识到存在多重关系对咨询的影响，从你的角度看，她可以做些什么，以减少相关的影响？

5. 咨询实践中面对可能涉及多重关系的来访者，咨询师是否应一律不接受？

分析与讨论

在上述案例中，关女士在接受任先生的女儿做自己的来访者时，与在诊室接待一位带着女儿直接来访的父女是不同的。她可能会体验到某种压力：接受这个来访者，对丈夫未来在公司的发展可能有某种好处；不接受的话，丈夫在公司的处境可能变得不利；而接下这个来访者，意味着工作有成效才能对丈夫有利，无成效可能导致相反的结果。因为有了这层关系，会牵扯出一系列可能的问题：

在知情同意环节，关女士作为咨询师是否会和作为来访者父亲的任先生按照咨询的规范签署未成年人咨询的知情同意书？作为咨询师，关女士对任先生提出的了解孩子咨询进展的要求，是否会随时予以满足？是否会很明确地告知孩子的家长在什么情况下咨询师会将孩子的情况告知家长，什么情况下会为孩子保密？

如果关女士经常将任先生女儿的情况直接告诉任先生，当任先生的女儿知道后，对关女士会怎么看？这种情形是否会影响关女士和来访者的关系？是否会影响咨询的进展？

如果任先生请咨询师关女士向女儿转达他的要求，关女士应该怎么做？作为咨询师，关女士是否能够时刻意识到自己首先应为任先生的女儿的福祉负责，而不是首先满足任先生的要求？

而因为任先生在公司对关女士的丈夫高先生多有关照，高先生会把这一情况反馈给关女士，并希望关女士也更多给任先生的女儿予以关照，这种反馈给关女士带来的影响是积极的吗？

上述的这些情况，让我们了解到关女士在决定接受这个来访者之后，会感受到多重关系给自己的专业工作带来的影响和压力。因为来访者的父亲是关女士丈夫的领导。关女士对自己家人的需求的考虑，使她会更关注来访者父亲的要求，这会导致她对来访者的态度及咨询受到上述非咨询因素的干扰。当意识到这一点时，咨询师需要时时提醒自己，注意尽可能不受多重关系的影响，即使如此，这种关系仍然会成为压力的来源，消耗咨询师的精力和能量。

如果咨询师关女士，更多考虑到其丈夫的利益，她在对任先生女儿的咨询中，可能会在无意识中偏离客观公正的轨道。咨询的效果好坏对关女士也会有利害关系。这种利益的冲突，是不利于咨询的顺利进行的。我们常常可以看到，在压力情境下，咨询关系受到影响，咨询师的中立立场受到影响，咨询效果常难以保障。这样的结果，往往对进入多重关系的双方都是不利的，与其初衷背道而驰。

在这里，有必要再次参考 Younggren 和 Gottlieb 建议(见博塞夫，2012)，对是否进入多重关系进行的评估。对卷入多重关系，咨询师需要先考虑如何回应下列问题：卷入多重关系是必要的吗？多重关系是否会对来访者利益造成潜在的伤害？多重关系是否会影响咨询师的客观评价？如果咨询师经过认真评估，认为进入多重关系利大于弊，或者自己评估下来可以很好地平衡各方面关系，进入多重关系也不是完全不可以。但需要对未来可能遇到的压力和问题有所准备，并在咨询过程中，经常对咨询关系进行反思和回顾。思考的重点，应将来访者的需求放在首位，以善行原则作为咨询师行为的指引。

 案例2　性的多重关系

来访者袁女士长期困扰于婚姻中的亲密关系问题，在朋友的推荐下去某心理咨询机构就该问题进行咨询。咨询师岳先生接待了袁女士。在咨询过程中，袁女士发现咨询师比自己的丈夫更能理解自己的感受，逐渐开始依赖岳先生。咨询师岳先生也被袁女士所吸引，主动将袁女士的咨询时间安排在晚上最后一个咨询时段，并且默许了袁女士每次延长一些咨询时间的要求。在咨询进行的过程中，袁女士主动索要了咨询师的手机号，开始在平时打电话询问岳先生能否一起去咖啡馆或者一起去吃饭。咨询师虽未主动联系过袁女士，但是每次对袁女士的邀请都没有拒绝过。两个人平日的邀约逐渐成为常态。在一次一起进餐之后，袁女士向咨询师表白，两人发生了性关系。袁女士告知咨询师自己的想法，一个是要与丈夫离婚；一个是要求咨询师也离婚，自己要与他结婚。此后咨询关系中断。岳先生犹豫了一两个月的时间，期间曾有一次向袁女士保证，自己也会离婚然后两个人一起生活。随后袁女士离婚。在二人进一步相处半年以后，岳先生提出要与袁女士分手，并告知自己不想离婚了。袁女士多方努力想使其回心转意无果，认为自己受到了欺骗，遂向咨询师所在机构投诉了岳先生。

请思考以下几个问题

1. 咨询师如果在最初拒绝来访者非咨询时间的见面邀请，其后是否会进一步发展出性的多重关系？
2. 本案例中咨询师与来访者关系的发展经历了哪些不同阶段？
3. 性和亲密关系最终会给来访者带来哪些影响？
4. 性和亲密关系会给咨询师带来哪些影响？

5. 专业伦理为什么禁止咨询师和来访者之间发生的性或亲密关系？

分析与讨论

在本案例中，咨询师岳先生和来访者袁女士，最初建立的是正常的咨询关系。但其后来访者对咨询师的依赖和咨询师对来访者的喜欢，使得情况开始发生变化，咨询师岳先生在咨询时间安排上，将袁女士放在最后一个时间段，且时常为袁女士延长咨询时间。来访者也会察觉，这种设置的变化是"专门为她"做出的。这也使得袁女士敢于向前一步，要求获得咨询师的电话号码，咨询师也回应了袁女士的要求，给了她自己的电话号码。这才有了其后袁女士不断的邀约，咨询师并不拒绝，二者建立了社交性关系；再进一步，两人有了性和亲密关系，甚至开始讨论各自离婚和双方结婚的计划。

从上述过程可以看出，设置被打破，边界不清晰，是出现关系问题的隐患。在现今移动网络时代，来访者不再向咨询师索要电话号码，而是要求"互加微信"了。微信的功能远远多于固定电话和手机，微信朋友圈即有"社交"的功能。咨询师如果仅与一个来访者建立微信联系，不涉及其他微信功能，但常常以此联系，已经处于类似"双重"关系的情境了；如果咨询师的其他来访者相互之间又经由微信建立了联系，则进入了"多重"关系的情境了。

咨询师对专业设置需要敬畏，要注意把控关系的界限。专业领域中的设置和伦理中关于边界的条款，体现了专业领域中前人经年累月获得的经验和智慧的结晶。在此方面每一个微小的放松，可能导致其后一步步滑向危险的境地。因此防微杜渐绝不是危言耸听。

曾经有一位资深的注册系统督导师说，"在咨询中，性关系的背后不是性"。的确如此。在本案例中我们可以看出，袁女士来访的问题即与其亲密关系问题有关，与其对异性的关爱渴求有关；而案例对咨询师的背景情况没有更多的描述。有些与来访者卷入性或亲密关系的咨询师，其自身也有与袁女士类似的情况；还有些咨询师，其个人因成长经历等因素影响，对被他人崇拜和敬仰有特别的需求。来访者对其百依百顺，对其的爱慕和依赖，正是其所需要的。在精神分析中，上述情况会作为来访者的移情和咨询师的反移情而被认真考虑，成为咨询过程中可以用作治疗性改变的因素。

如果咨询师被自己的个人需求蒙蔽了双眼，对来访者的"倾情投入"顺水推舟，则如上述案例一样，最终有可能铸成大错。对来访者而言，可能最初与咨询师的交往的感觉是积极的，但其后，因得不到自己所需要的情感，会感觉心身受到伤害。当这种伤害不是来自普通人，而是来自备受信赖的"专家"时，其内心感受到的创伤可能更为深重。对有些人而言，可能是其一生的伤痛。

而对咨询师而言，这样的关系卷入结局也会是两败俱伤。在美国的某些州，咨询师与来访者的性关系是入刑的，即违反了相关的法律。上述案例的情况，如发生在美国，咨询师可能会遭遇刑事诉讼，甚至获刑，还可能受到民事起诉要求经济赔偿。从专业角度，则会失去执照，不能再从事心理咨询或心理治疗领域的工作。

中国心理学会的伦理守则条款 1.8 是这样论述的："心理师不得与当前寻求专业服务者或其家庭成员发生任何形式的性或亲密关系，包括当面和通过电子媒介进行的性或亲密沟通与交往。""一旦关系超越了专业界限(例如开始性和亲密关系)，应立即采取适当措施(例如寻求督导或同行建议)，并终止专业关系。"有专业人员认为，伦理都是以来访者为中心建立，保障的是来访者的福祉，对咨询师是不利的。这种看法，只看到事物的一个方面，没有看到事物的另一个方面。如果咨询师认真学习了伦理，领会了其中精髓，自觉遵守伦理，不做违反伦理的事情，即使有人举报，伦理也会对咨询师起到保护的作用；伦理告诉专业人员边界在哪里，这也是为专业人员提供了安全从事咨询工作的保障。

性或亲密关系，是咨询过程中多重关系类型中的一种。在多重关系部分我们已经探讨过多重关系对咨询关系及来访者福祉可能造成的不利影响。咨询师与来访者卷入性或亲密关系，或与其家人卷入此类关系，更可能损害咨询关系，无法保障来访者的利益。

而性或亲密关系发展初始，必然会经历非性的多重关系阶段。咨询师需要对多重关系议题具有伦理敏感性，对自己与来访者的关系应具有自我觉察。当咨询师意识到自己对某个来访者有特别的关注、关心，对其要求有特别的让步，或为其咨询做了特别的安排时,需要注意反省自己这样做的原因。可以考虑在自己的机构内寻求同行督导,必要时请专门的督导师做督导,或者寻求资深的咨询师进行自我体验。

小　结

心理咨询与心理治疗中的专业关系是为帮助来访者而建立的关系,是一种有别于其他社交关系的专业关系。在这种关系中,咨询师与来访者的权利是不对等的。对此,咨询师需要注意践行专业伦理,保持专业设置,注意行有边界,遵从善行原则。多重关系是专业帮助工作中需要特别给予关注的关系情境,包括非性的多重关系和性及亲密关系。为保障来访者的福祉,专业伦理明确禁止专业人员与来访者的性或亲密关系,而对于非性的多重关系则需要专业人员根据具体情况具体分析,做出专业伦理判断,尽可能避免卷入多重关系。为更好地把握专业关系的界限,咨询师应学习并掌握相应的判断标准。

思　考　题

1. 在咨询过程中,如果来访者要求与咨询师互加微信,应如何处理?
2. 专业伦理为什么禁止咨询师与来访者及其亲属发生性或亲密关系?
3. 为什么说咨询师和来访者作为咨询关系的双方,权力是不平等的?
4. 如果出现多重关系问题,咨询师应以什么标准做出判断?
5. 在中国这样一个人情社会中,作为咨询师如何更好地把握咨询关系的界限?

参 考 文 献

COREY G,COREY M S,COREY C,2019. 专业助人工作伦理:第 2 版. 修慧兰,林蔚芳,洪莉竹,译. 台北:新加坡圣智学习亚洲私人有限公司台北分公司.

博塞夫,2012. 心理学研究中的伦理冲突. 苏彦捷,等译. 重庆:重庆大学出版社.

斯佩里,2012. 心理咨询的伦理与实践. 侯志瑾,译. 北京:中国人民大学出版社.

维尔福，2010. 心理咨询与治疗伦理：第3版. 侯志瑾，李文希，珠玛，等译. 北京：世界图书出版公司北京公司.

中国心理学会，2018. 中国心理学会临床与咨询心理学工作伦理守则：第2版. 心理学报，50(11)：1314-1322.

American Counseling Association，2014. Codes of ethics and standards of practice. Alexandria，VA: ACA.

American Psychological Association，2010. Ethical principles of psychologists and code of conduct. Washington: APA.

ROGERS C R，1942. Counseling and psychotherapy. Boston: Houghton Mifflin Company.

3

知 情 同 意

第一节 理解知情同意及伦理意义

开始心理咨询和心理治疗专业服务的第一步工作是什么？答案可能是要获得寻求专业服务者的知情同意。知情同意既是来访者最基本的权利，也是心理师的伦理义务，它发生于咨询前、咨询中，是一个生动的、动态的过程。与来访者充分讨论知情同意的内容，体现了心理师对来访者的尊重，有利于双方增进信任，建立良好的咨询关系，是伦理总则中善行、责任、诚信、公正和尊重的具体体现。因我国的许多专业人员，未经历过系统培训，在咨询过程中常常以询问"你有什么需要我帮助的"开始咨询，知情同意过程缺失，其后出现问题，来访者找不到投诉或诉讼的相关文件，咨询师找不到保障自己权利的依据，导致双方责、权、利均无法得到保障。一些专业人员，即使知道要和来访者签署知情同意书，但却不知道具体应包括哪些内容。学习了国外相关文件，虽然有个别条款论及知情同意，但尚未见专门的章节讨论此问题。中国心理学会临床心理学注册工作委员会根据我国国情，在第二版伦理守则中特别设置了知情同意一章，以帮助专业人员和寻求专业服务者更好地理解和践行相关伦理条款。这一点希望引起广大咨询师和来访者更多的重视。

本章将重点介绍知情同意的内涵与重要性、来访者自主决定权、知情同意的具体内容与实施程序，介绍心理咨询师对非自愿来访者、同时接受多个专业服务的来访者、录音录像知情同意的处理方式。

第二节　知情同意一章伦理条款及其解读

一、知情同意的内涵与重要性

1. 知情同意的内涵：知情同意是什么？

informed consent 直译为"告知后同意"，在我国心理咨询与心理治疗领域中，习惯译为"知情同意"。

知情同意的内涵，包括来访者权利、心理师义务、咨询双方互动三个方面。伦理守则在界定知情同意时，首先侧重于尊重来访者自主选择权和知情同意权这个方面。其次，知情同意也意味着心理师具有充分说明的义务。因此，心理师在进行心理专业服务之前，须将专业服务可能的风险、保密的限制，以来访者能明白的语言主动进行说明，取得来访者的同意后再执行该专业服务(林家兴，2014)。第三，注重咨询双方互动的学者们认为，知情同意是咨询师与来访者建立关系的过程，包括与来访者一起讨论咨询的本质、有效性、未来的咨询方案和目标(斯佩里，2012)。该观点要求心理师和来访者都要花时间去反思、思考咨询(对来访者)的影响和意义，并根据定期思考的结果去规划之后的咨询(斯佩里，2012)。综上，获得来访者的知情同意是心理咨询与心理治疗专业服务的第一步，知情同意既是来访者最基本的权利，也是心理师的伦理义务，更是一个生动的、动态的过程。知情同意过程可反映出咨询关系的质量和咨询双方合作的质量(Corey，Corey，Corey，2019)。

2. 知情同意的重要性：为什么要做知情同意？

从积极的角度来看，知情同意具有正向的功能。

首先，知情同意对心理师最直接的影响在于，有效能的知情同意过程，可以减少来访者对咨询过程和心理师的误解，也能降低来访者提出诉讼的可能性(Corey，Corey，Corey，2019)。

其次，知情同意对心理师和来访者都有益处。①知情同意能为来访者提供较多的信息,并尊重来访者的自我决定权,从而提高来访者对咨询或治疗的参与度。②知情同意有助于缓解来访者对于咨询的焦虑感(林家兴,2014)。③来访者在知情同意后,会认为心理师的专业性较高、值得信任。④知情同意会促使来访者更加积极地看待自我暴露,对咨询结果有更多乐观的预期(Goddard,Murray,Simpson,2011)。

二、来访者具有自主决定权

伦理守则条款"2. 知情同意"明确了来访者自主决定权和知情权的内容。

> 2. 知情同意
> 寻求专业服务者可以自由选择是否开始或维持一段专业关系,且有权充分了解关于专业工作的过程和心理师的专业资质及理论取向。

第一,在心理咨询和治疗中,来访者能够自由选择是否开始或维持一段专业关系,虽然一般正常的开始与结束,是咨询师和来访者双方共同商量决定,但咨询师应尊重来访者的自主决定权。这充分体现了心理咨询中的来访者自愿原则,行业内常说的"愿者自来,去者不追"就是这个意思。来访者行使自主权,主动做出接受或拒绝咨询的决定,应该不受任何外来的压力影响。值得一提的是,尊重来访者的自主决定权,主要前提条件是来访者具有正常的理解能力和判断能力,能够独立做出合理的选择和决定。如果来访者为未成年人或无能力做决定的人,原则上咨询必须征得其父母或法定监护人的同意后方可进行。此外,尽管来访者具有结束咨询的权利,但是对于来访者突然中断咨询的情况,心理师应当予以注意。为了保障来访者的利益,心理师有义务与来访者讨论其决定可能带来的结果(Corey,Corey,Corey,2019)。本着"善行"的原则,心理师应当对中断咨询的来访者进行回访,不能坐视不管。

第二,来访者有权充分了解关于专业工作的过程和心理师的专业资质及理论取向。来访者能够行使好这一权利,是以充分被告知心理咨询相关信息为前提的。因此,来访者必须先知道心理咨询是什么?咨询将如何开展?咨询对来访者会带来哪些好处和潜在的风险？将为来访者提供专业服务的心理师是谁？这个心理师的专业资质和能力如何？知情同意的具体内容将在下文详细论述。

三、知情同意的具体内容

伦理守则条款 2.1 和 2.2 涉及知情同意的具体内容。

> 2.1 心理师应确保寻求专业服务者了解自己与寻求专业服务者双方的权利、责任，明确介绍收费设置，告知寻求专业服务者享有的保密权利、保密例外情况以及保密界限。心理师应认真记录评估、咨询或治疗过程中有关知情同意的讨论过程。
>
> 2.2 心理师应知晓，寻求专业服务者有权了解下列事项：(1)心理师的资质、所获认证、工作经验以及专业工作理论取向；(2)专业服务的作用；(3)专业服务的目标；(4)专业服务所采用的理论和技术；(5)专业服务的过程和局限；(6)专业服务可能带来的好处和风险；(7)心理测量与评估的意义，以及测验和结果报告的用途。

1. 咨询师和来访者各自的权利和义务

第二版伦理守则并未单独列出来访者和心理师的各项权利与义务，而是将双方各自的权利与义务置于不同章节加以阐述。学者们普遍认为，来访者具有五大权利，分别为自主权、受益权、免受伤害权、公平待遇权、要求忠诚权；而相对于来访者的五大权益，心理师具有三大责任，分别为专业责任、伦理责任和法律责任(牛格正，王智弘，2018)。对心理师知情同意使用情况的访谈结果显示，心理师提及的来访者权利与义务，内容包括来访者需要遵守时间设置(如按时咨询、提前请假)、来访者可以要求终止及转介咨询等内容(王浩宇，缑梦克，钱铭怡等，2017)。

2. 保密权、保密例外情况以及保密界限

这部分是知情同意的重点内容之一。保密是心理咨询的核心原则，也是心理咨询工作最主要的伦理职责之一。心理师应在咨询刚开始时就明确告知来访

者享有保密权和隐私权,说明在正常情况下,来访者在咨询中所透露的内容将会被严格保密。心理师告知保密权和承诺保密的行为,有助于创设安全信任的咨询氛围,消除来访者的顾虑,促进来访者更多的自我暴露。

同时,心理师也需要向来访者明确告知保密例外情况。伦理守则条款 3.2 列出了三种保密例外情况,分别为:①心理师发现寻求专业服务者有伤害自身或他人的严重危险;②不具备完全民事行为能力的未成年人等受到性侵犯或虐待;③法律规定需要披露的其他情况。心理师还应进一步说明,遇到各种保密例外情况的保密范围,告知来访者如遇到自伤或伤人严重危险、未成年来访者被性侵或虐待的情况,心理师有责任向来访者的合法监护人、可确认的潜在受害者或相关部门预警;遇到法律规定需披露的情况,心理师有义务遵守法律法规,并按照最低限度原则披露有关信息。

3. 心理师的信息

心理师应该全面、准确地说明自己的资质情况、所获证书、工作经验、受训背景、擅长领域、理论取向等信息。来访者对于心理师这些信息的了解,能够更好地评估自己与心理师的匹配程度,从而做出接受或拒绝咨询的决策。需要提醒的是,实习咨询师、新手咨询师应该主动向来访者表露自己的资历和身份。实习咨询师还应坦诚地与来访者讨论由于本人专业经验不足可能对来访者造成的不利影响,并提出积极的补救方法(如接受督导)。如果咨询是在督导下进行的,来访者同样有权知道。

4. 专业服务的作用与目标

我国的心理咨询与治疗事业较西方发达国家起步较晚,有关心理咨询认识和态度的问卷调查结果显示,无论是普通民众还是在校学生对于心理咨询都存在着认知不足、常有误解的状况(楚佳佳,田巧存,2017;刘晓秋,张秀芬,白志军,2016)。通常情况下,来访者在走进咨询室之前,对于心理咨询往往知之甚少。因此,在心理咨询开始之初,心理师就应如实介绍心理咨询的概念、原则与作用,纠正来访者对心理咨询与治疗的误解,以便咨询双方达成更多的合作与共识。一般认为,心理咨询的根本目的是帮助来访者自强自立,即通过咨询，提高来访者应对挫折和各种不幸事件的能力，使之能够自己面对和处理自己人生中的问题(钱铭怡，2016)。

有经验的心理师有这样的体会，那就是，真正的咨询目标可能与来访者一开始提出的需要并不一致。心理咨询的本质是助人自助，因此在知情同意过程中，了解来访者对于咨询的期待并予以澄清，客观地介绍心理咨询能做什么、不能做什么，将推动咨询双方设立合理的咨询目标。在咨询过程中，明确咨询目标不仅可为咨询提供方向，还便于对咨询进展和效果的评估，更能督促咨询双方积极投入咨询(江光荣，2012)。咨询目标的设定，需要心理师和来访者的共同参与。值得注意的是，心理师需要告知来访者，咨询目标不是一成不变的，而是可以随着咨询的进程不断修改与完善。心理师需要持续不断地为来访者提供所需要的信息，以达到来访者完全同意的目标。

5. 专业服务所采用的技术与过程

由于实务工作者对于长期治疗和短期治疗的取向不同，因此，告知来访者自己所采取的理论取向及取向的基本假设是非常重要的(Corey，Corey，Corey，2019)。心理师还可适当介绍该理论取向的基本理论、治疗原理、策略与技术、咨询目标等内容。然而，这部分的内容专业性较强，心理师应当使用通俗易懂的语言向来访者解释，并告诉来访者对于不明白的地方可随时发问。

心理师应结合咨询目标，告知来访者整个咨询的进程与计划，包括咨询过程大概有几次会谈、每次会谈的目标如何、为什么要这样安排等。同时，心理师应鼓励来访者提问，耐心细致地解答问题，与来访者共同协商咨询过程的安排。如果机构对来访者接受咨询的次数有限制，应该在一开始就告知来访者无法接受长期的心理咨询与心理治疗。

6. 专业服务可能带来的好处和风险

在初次会谈时，心理咨询师或治疗师和来访者应对咨询或治疗中可能会发生的变化进行真诚的讨论(Corey，Corey，Corey，2019)。心理师须如实介绍咨询对来访者的益处，绝不能夸大咨询的作用，更不能给来访者不切实际的承诺和保证。

心理师还应该真诚地澄清来访者的不合理期待,并说明咨询的局限性和可能的风险。例如,心理咨询的局限是并不能替来访者做出是否离婚的决定,心理咨询对于严重心理障碍患者只能起到辅助作用,无法代替药物治疗。可能的风险有:咨询将会促使来访者做出一些改变,而这些变化可能伴随着压力,例如会对现有的生活产生干扰。无论夸大咨询的好处,还是隐瞒咨询的风险,都是不符合伦理的。

7. 知情同意的十项关键因素

整体而言,斯佩里(2012)提出,知情同意书中至少要包括十项关键因素,具体见表3.1。专业工作者及相关单位或机构可以参考伦理守则的有关规定、斯佩里(2012)的建议,以及自己单位或机构的实际情况,考虑并制定适合自己单位或机构专业工作的知情同意书文本。

表3.1 知情同意书中的关键因素

十项关键因素
1. 所提供的治疗的性质。
2. 咨询师的相关信息。
3. 咨询师和来访者之间保密关系的性质,保密的例外情况。
4. 治疗中可能的风险和益处。
5. 治疗的选择。
6. 做出知情同意的能力,不受胁迫。
7. 拒绝、终止治疗而不受惩罚的权利。
8. 办公时间、联系方式、紧急事件的处理方法。
9. 收费情况及支付方式。
10. 个体健康情况的私密性。

(资料来源:斯佩里,2012)

四、知情同意的实施程序

根据伦理守则条款 2.1，心理师在实施知情同意的过程中，至少包含告知、讨论、获得同意、记录四个环节。

1. 知情同意的形式

常用的告知方式包括口头说明和书面告知。相应的，来访者被告知后的同意方式，也有口头同意和书面签字两种。至于心理师选择何种方式与来访者进行知情同意，伦理守则并未作明确的限定。一般情况下，心理师可根据实际需要灵活选择或综合使用这两种方式。

具体操作方式有如下四种(牛格正，王智弘，2018)：

(1) 口头同意(oral agreement)。心理咨询师以口头说明的方式向来访者说明心理咨询的相关信息，来访者听完以后可能会提出问题，经过补充说明之后，来访者以口头的方式表示接受心理咨询，通常这种情况下不一定需要录音，或者签署知情同意书，但是可以在初始访谈的基础上，记录这位来访者的知情同意并获得口头同意的过程。

(2) 签订契约(written contract)。心理咨询机构会打印一份咨询的同意书，把来访者需要知道的心理咨询相关信息放在同意书里面。这样做的优点是：第一，有一个来访者签名的知情同意书存档，日后可以使用；第二，要告知来访者的信息不会因人而异，有一致性；第三，不会因为繁忙而遗漏，通常先签署知情同意书才能进入咨询。

(3) 专业声明(professional statement)。个人开业的心理咨询师，以书面的方式说明自己的学历，经验和心理咨询的过程，保密的范围和限制，来访者的权益，预约和收费方式及标准，以知情同意书的格式，请来访者签名同意后接受咨询。

(4) 咨询过程示范(counseling process modeling)。示范的实施措施是由执行机构事先制作一个模拟咨询过程的影片，在来访者接受咨询之前，邀请其先观看影片，然后来访者可以针对内容提出问题，再做进一步说明。

就书面的方式而言，诸如咨询服务简介、专业声明或知情同意书等，都可作为实施知情同意程序的参考。知情同意书的形式是最完整的做法。特别对于咨询过程录音、录像和教学演示的知情同意，伦理守则条款2.5则明确规定必须获得来访者的书面同意，这一点请心理师一定要重视。

> 2.5 只有在得到寻求专业服务者书面同意的情况下，心理师才能对心理咨询或治疗过程录音、录像或进行教学演示。

2. 知情同意教育

知情同意不是请来访者在咨询同意书上签名就宣告完毕的例行公事，而是一件心理师与来访者双方透过沟通、讨论和澄清达成合作的心理专业服务的过程(林家兴，2014)。来访者的知情同意教育是指，心理师运用教育的方式，鼓励来访者对心理咨询或评估提问，并在咨询有进展时提供有用的反馈，这会使工作同盟建立得更加稳固(Corey，Corey，Corey，2019)。正如Corey等人(2019)所言，在知情同意过程中，最基本的操作是让来访者有机会可以提问，并且探索他们对咨询的期待。这样，来访者才能完全参与到咨询之中，才能与心理师成为合作伙伴。

3. 知情同意过程的记录

除上述程序外，心理师还须对知情同意的过程进行认真记录。

五、其他特殊情况

1. 与非自愿来访者工作

伦理守则条款2.3涉及与非自愿来访者工作时如何进行知情同意。Riesman提出，咨询是通过人际关系而达到的一种帮助过程、教育过程和增长过程(见钱铭怡，2016)。因此，与非自愿来访者进行工作时，心理师面临的最大挑战是如何提高来访者的求助动机和配合度，如何与之建立咨询关系。如果心理师在咨询初期的知情同意过程中，表现出对来访者权益的尊重、接纳和重视，更有可能促成来访者对咨询转变态度。其中，心理师向来访者强调保密原则，说明保密例外和保密权限，将更有可能获得来访者的信任和配合。例如，在我国的一些地方，当未成年人被判刑之后，要求其接受三次咨询。这是考虑到未成年人心智尚未成熟，在面对如此重大的生活事件时，需要获得专业的帮助，以更好的接受改造。咨询师在结束此类咨询后需要向法庭提交工作报告，这种情况是需要提前向接受帮助者说明的。

> 2.3 与被强制要求接受专业服务人员工作时，心理师应当在专业工作开始时与其讨论保密原则的强制界限及相关依据。

2. 与同时接受其他专业工作者的服务的来访者工作

伦理守则条款 2.4 以最大程度保护来访者利益为准则，综合考虑了如何在尊重来访者知情同意权基础上，整合与来访者有关的其他心理健康服务人员的工作，达到多方协作、联动治疗的目的。例如，一位患有心理障碍的来访者，既在精神科医生那里接受药物治疗，还在与心理师进行心理咨询。这种情况下，如果心理师和精神科医生能够保持沟通和合作的关系，来访者将大大获益。

> 2.4 寻求专业服务者同时接受其他心理健康服务领域专业工作者的服务时，心理师可以根据工作需要，在征得其同意后，联系其他心理健康服务领域专业工作者并与他们沟通，以更好地为其服务。

3. 与未成年来访者工作

通常而言，未成年人不能自己决定接受咨询，必须获得父母或法定监护人的允许。当心理师接待未成年来访者时，应事先征得其父母或监护人的同意，以示对合法监护权的尊重。之所以要求未成年人在父母或监护人的同意下才能进行咨询，主要是出于未成年人可能缺乏对自己的心理健康保健做出决定能力的考虑(江光荣，2012)。通常情况下，对未成年来访者，其父母或法定监护人有权从咨询师那里了解关于来访者治疗进展的信息，但不能接触个案记录(林家兴，2014)。咨询师需要告知未成年人，自己会向其父母说明什么(例如未成年人怀孕、吸毒、自杀危机等情况）；也要告知未成年人的父母或监护人，自己会告知未成年来访者的重大生活事件等情况，但不会告知他们咨询的所有具体情况。同时，在接待未成年来访者时，要在遵守《中华人民共和国未成年人保护法》和《中华人民共和国反家庭暴力法》的前提下开展工作。

第三节　典型案例分析

在国内多次专业培训中，从业人员对于知情同意一章各条款的理解各有不同，对不同案例的讨论也有争议，对知情同意的临床实施应如何进行也各有差异。以下通过案例针对在实施知情同意的过程中可能出现的问题进行分析，以便让咨询师更加清楚自己应如何开展相关工作。

 案例1　窘迫的咨询师

女生小贾因考研复习状态不佳，前往学校心理咨询室进行预约，但被告知正式咨询最快要一个星期以后才能排上。小贾同意等待，办理了预约手续。正式咨询开始时，兼职咨询师小黎原本打算与小贾讨论知情同意书的相关问题，但小贾刚一坐下，就掏出早已准备好的日记本，打开了话匣子。咨询师小黎感觉有点不知所措，想着先由着小贾表达，等会儿再谈知情同意的事情。没想到小贾越说情绪越激动……十分钟，二十分钟，三十分钟，四十分钟过去了……小贾一直沉浸在自己的世界中哭着说着，说着哭着，这令咨询师小黎越来越焦虑，他不知道该如何打断小贾，不知道还要不要讨论知情同意的问题。

请思考以下几个问题

1. 你认为，首次会谈必须讨论知情同意书吗？原因何在？
2. 你认为，咨询师小黎该不该打断小贾，将话题转向知情同意？为什么？
3. 如果你是咨询师小黎，你会在什么时机与来访者讨论知情同意？又将如何讨论？
4. 如果你是咨询师小黎，在与小贾讨论知情同意时，你将重点提及哪些内容？

分析与讨论

本案例涉及首次会谈如何与来访者讨论知情同意书的问题。面对案例中小贾这类情绪激动的来访者，照顾来访者情绪的同时履行好知情同意职责，并不是一件容易的事情。咨询师小黎具有较好的伦理意识，很清楚首次会谈需要进行知情同意。但是，如何结合来访者的情况，恰当地进行知情同意的操作，小黎可能还有一些能力上的欠缺。对处于情绪中的来访者，一上来就详尽讨论知情同意的内容，在现实咨询情境中并不合适，也不合乎伦理。处理来访者的危机状态，必须放在讨论知情同意之前。但一旦状况允许，来访者的情绪稳定一些，也要尽快进行知情同意说明(Corey，Corey，Corey，2019)。

在实际操作中，向来访者说明心理咨询的信息，到底要说多少，哪些该说，哪些不要说，先说什么，后说什么等，可依据心理师当时的判断和来访者的需要(林家兴，2014)。事实上，心理师不做知情同意和过度做知情同意都是不恰当的(林家兴，2014)。需特别注意的是，有些重要的议题，例如关于保密的限制，即使来访者处在危机状态，也要在首次会谈时进行说明。因为如果没有进行说明，一旦来访者谈到保密例外的内容，心理师可能会面临法律和伦理双方面的问题(Corey，Corey，Corey，2019)。

 案例2　关于录音的知情同意

实习咨询师小张在学校心理咨询室接待了男生小东。首次会谈时，小张一开始就告知来访者自己是实习咨询师，并请求对咨询会谈进行录音，以便在咨询后再次反思学习。小东刚开始有一些犹豫，但在咨询师小张的再三劝说下，小东口头同意了请求。当小东同意录音时，小张非常高兴与感激，一边快速拿出录音笔进行录音，一边表示会珍惜这次学习的机会，认真整理文字稿并找督导师进行督导。这些举动让小东更加紧张。但是，小张似乎并没有留意到小东的变化，直接开始了咨询。

经过几次咨询，小张初步了解到小东的议题与原生家庭有关，但是感觉话题深入不下去，咨询还是在原地打转，于是向督导师求助。在与督导师重听录音的过程中，小张发现每当小东快说到重点时，就开始吞吞吐吐或者转移话题，而自己常常习惯性地跟随小东讨论起新的话题。小张突然意识到，很可能是自己要求录音的事情，给小东带来了压力，导致小东在咨询中有所保留。在督导师的鼓励下，小张决定下次咨询会谈时，必须与小东讨论一下录音的问题。

请思考以下几个问题

1. 实习咨询师小张与来访者讨论录音知情同意的过程是否有不妥之处？

2. 如果你是实习咨询师小张，在下一次咨询中将如何与小东讨论录音的事情？

3. 在实施录音、录像知情同意过程中，来访者欲言又止不敢拒绝，你怎么处理？

4. 在咨询开始时来访者同意录音或录像并签字了，可是咨询到中途时来访者希望这一次不录音，但是你下一次要和督导师讨论对这个来访者的工作，你该如何处理？

分析与讨论

该案例涉及咨询过程录音、录像的知情同意问题。实习咨询师小张首次会谈时，仅仅取得来访者的口头同意，而没有与来访者签订《录音、录像知情同意书》，在实施伦理的程序上存在过失。一份完整的录音、录像知情同意书，应该具体说明录音与录像的目的、用途、保存方式与期限、保密范围等内容。在初次会谈中，心理师应陪同来访者阅读书面材料，并做必要的口头说明。在来访者阅读结束后，咨询师还应当主动询问来访者是否有任何问题或疑惑的地方，并予以解答(林家兴，2014)。

本案例中，小张在第一次咨询刚开始时就表露了自己是实习咨询师的身份，询问来访者是否可以录音，具有一定的伦理意识。但是在态度和具体做法上存在不妥。作为实习咨询师，在急切的心情之下，小张忽略了来访者的需要，也未表现出对来访者自主权的充分尊重。实习咨询师在征求录音同意时，应当充分解释录音和督导的目的,说明"这样做归根到底是为了更好地向来访者提供专业帮助",这样的言辞更有可能获得来访者的认可。

在程序上,小张未能充分告知录音的原因、用途、去向、存放期限,也没有向小东保证录音资料具有保密性。而这些说明是非常必要的。它不仅有助于消除来访者的疑惑和顾虑,还能够展现咨询师的专业性和对来访者的友好态度,促进咨询关系的建立。

小　结

心理咨询和心理治疗中的知情同意既是来访者最基本的权利,也是心理师的伦理义务,更是一个生动的、动态的过程。知情同意对于来访者、心理师和咨询过程都具有积极影响。心理师应尊重来访者的自主决定权,明确告知来访者可自由选择是否开始或维持一段专业关系。心理师有义务帮助来访者充分了解心理咨询过程和心理师的专业背景信息。具体而言,知情同意的内容包括收费设置、心理师信息、咨询作用和目标、采用的理论和技术、咨询过程与局限、对来访者的益处和风险等内容。对于录音和录像,心理师必须征求来访者书面同意,方可对心理咨询过程进行录音、录像或教学演示。

思　考　题

1. 心理师为什么要重视知情同意的伦理条款?
2. 来访者知情同意的内容主要有哪些?
3. 实施知情同意有哪些形式?
4. 向被强制要求接受专业服务人员进行知情同意时,有哪些注意事项?
5. 与未成年来访者进行心理咨询时,在知情同意方面有哪些伦理要求?
6. 当发现来访者在同时接受其他心理健康服务领域的专业服务时,为了更好地帮助来访者,心理师在寻求来访者同意后,如何与其他专业工作者进行沟通?

参 考 文 献

COREY G,COREY M S,COREY C,2019. 专业助人工作伦理：第 2 版. 修慧兰，林蔚芳，洪莉竹，译. 台北：新加坡圣智学习亚洲私人有限公司台北分公司.

楚佳佳，田巧存，2017. 大学生对心理咨询认知的调查与分析. 青春岁月，(23)：60-61.

江光荣，2012. 心理咨询的理论与实务. 2 版. 北京：高等教育出版社.

林家兴，2014. 咨商专业伦理：临床应用与案例分析. 新北：心理出版社.

刘晓秋，张秀芬，白志军，2016. 广州市民众对社会心理咨询的态度和需求研究. 医学与哲学(人文社会医学版)，37(2)：23-26.

牛格正，王智弘，2018. 助人专业伦理. 上海：华东师范大学出版社.

钱铭怡，2016. 心理咨询与心理治疗：重排本. 北京：北京大学出版社.

斯佩里，2012. 心理咨询的伦理与实践. 侯志瑾，译. 北京：中国人民大学出版社.

王浩宇，缑梦克，钱铭怡，等，2017. 北京心理咨询师知情同意使用现状的访谈. 中国心理卫生杂志，31(1): 58-63.

中国心理学会，2018. 中国心理学会临床与咨询心理学工作伦理守则：第 2 版. 心理学报，50(11)：1314-1322.

GODDARD A,MURRAY C D,SIMPSON J,2011. Informed consent and psychotherapy: an interpretative phenomenological analysis of therapists' views. Psychology & Psychotherapy Theory Research & Practice，81(2):177-191.

4

隐私权与保密性

第一节 理解隐私权和保密性

隐私权是指自然人享有的私人生活安宁与私人信息秘密依法受到保护,不被他人非法侵扰、知悉、收集、利用和公开的一种人格权,而且权利主体对他人在何种程度上可以介入自己的私生活,对自己是否向他人公开隐私以及公开的范围和程度等具有决定权。隐私涉及:姓名、肖像、住址、身份证号、电话、财产、私人文件(日记、信件等)、私人生活、身体、健康状况等。

心理师有责任保护寻求专业服务者的隐私权,同时应明确认识到隐私权在内容和范围上受国家法律和专业伦理规范的保护和约束。来访者有权利将与咨询师沟通的内容保留在专业关系中。心理健康服务专业人员有伦理责任、法律责任和专业责任不可以披露这些信息,除非有法律要求或来访者的授权。

关于保密性,在咨询开始前咨询师就需要与来访者讨论保密原则,同时也要让来访者知晓保密是有限制的。咨询师要清楚保密不是空泛的承诺,来访者有权利知道在什么情况下保密,什么情况是保密例外。当来访者存在伤害自己或他人生命安全的严重危险的情况下;当不具备完全民事行为能力的未成年人等受到性侵犯或虐待;当法律要求披露的情况下属于保密例外。在这些情况下,无论是从伦理还是从法律的角度来考虑,咨询师都有责任保护具有生命危险的来访者或涉及的其他潜在受害者,这是与伦理总则中"善行"不伤害原则一致的。所以,保密承诺是有限制的。

本章将重点介绍心理咨询与心理治疗中的保密原则,以及保密例外的有关情况、预警及其方式;介绍在进行个案记录、案例讨论、教学、科研等过程中,心理师应采取的保障措施，以使寻求专业服务者的隐私受到保护。

第二节 隐私权和保密性一章伦理条款及其解读

一、心理咨询中的隐私权和保密性

> 3.1 专业服务开始时，心理师有责任向寻求专业服务者说明工作的保密原则及其应用的限度、保密例外情况并签署知情同意书。

保密是心理咨询的核心原则之一，也是心理咨询工作最主要的伦理职责之一。心理咨询过程的顺利进行取决于来访者感到足够安全，能开放并真诚地讲述任何困扰他们的事情。反过来，如果来访者认为他们所说的内容会成为他人闲谈的话题，或会以某种方式被用于对付自己，他们就不太可能做出很多有意义的自我表露(麦克劳德，麦克劳德，2016)。

心理咨询和心理治疗中来访者要袒露大量的个人信息，并且评估和测量还会产生许多有关来访者的新信息。很自然地，来访者非常关心咨询师或治疗师会怎样对待和使用这些信息。因此，为来访者的有关资料保密，不仅是咨询师和治疗者的道德原则，也牵涉到来访者对咨询师的信任，进而影响咨询的效果(江光荣，2012)。

《中华人民共和国精神卫生法》第二十三条规定：心理咨询人员应当尊重接受咨询人员的隐私，并为其保守秘密。保密是来访者为保护自己的隐私所持有的权利，在助人专业关系中，来访者所提供的资料，没有来访者的许可或同意，咨询师不应外泄。

二、保密例外

心理咨询中咨询师为来访者保密的承诺并非是无限度的，在某些特殊情况下，咨询师需要突破保密的界限。保密例外条款的核心就是遵循"善行"的原则，来访者的生命权为最大权力。相比保护来访者的隐私权，保护来访者和他人的生命安全意义更为重大，这是保密例外中的第一项内容所基于的原则。咨询师在与来访者建立咨询关系时，就要在知情同意过程告知其保密例外的情况，让来访者知道为来访者保守秘密是有限度的。

> 3.2 心理师应清楚地了解保密原则的应用有其限度，下列情况为保密原则的例外。(1)心理师发现寻求专业服务者有伤害自身或他人的严重危险；(2)不具备完全民事行为能力的未成年人等受到性侵犯或虐待；(3)法律规定需要披露的其他情况。

同时，对条款3.2中法律规定需要披露的情况也提出有限度的保密突破。

> 3.3 遇到3.2(1)和(2)的情况，心理师有责任向寻求专业服务者的合法监护人、可确认的潜在受害者或相关部门预警；遇到3.2(3)的情况，心理师有义务遵守法律法规，并按照最低限度原则披露有关信息，但须要求法庭及相关人员出示合法的正式文书，并要求他们注意专业服务相关信息的披露范围。

在某些情况下，或为了来访者的最大利益，或为了他人或公众的利益，或为了心理咨询和心理治疗的学科发展，或由于得到来访者的书面许可，允许咨询师公开来访者的信息。咨询师在遵守保密原则的总前提下，对一些特殊情况应根据法律和伦理准则认可的方式处理。如果要打破保密原则，最好与来访者充分沟通采取这一行动的用意。在行动之前，尽量征得来访者同意。理想的情形是邀请来访者参与决策过程，这有利于维持咨询关系。并且，透露信息时，应在达到所期望目标的前提下，以透露的信息量最少为原则(江光荣，2012)。因此保密突破也应该是有限的突破，这也符合伦理总则中的善行、不伤害原则。同时，尊重来访者而与之进行保密突破的讨论是伦理议题中一个最需要关注，同时也是一个很困难的环节，需要咨询师有足够的训练和共情的陪伴，这也是能够检验咨询师胜任力的地方。

1. 心理师发现寻求专业服务者有伤害自身或他人的严重危险

心理师有双重预警与保护的专业责任：保护来访者免于自我伤害，保护其他人免于受到有潜在危险的来访者的伤害。在保密与保护大众之间取得平衡是专业伦理面临的主要挑战。

(1) 有伤害自身严重危险的来访者。

咨询师在咨询过程中意识到来访者本人的生命安全受到威胁的情况，例如来访者说自己打算自杀，咨询师要注意进行风险评估。特别要注意以下危险信号：来访者在咨询会谈时严肃地谈到自杀；过去曾尝试过自杀；来访者有严重的抑郁症状，表现出无助、绝望的情感；有严重的焦虑症状或伴有惊恐发作；有自杀的实施计划；有酗酒或吸毒史；来访者突然取消业务安排或更改遗嘱；有精神病治疗史；社会支持系统解体等。当咨询师意识到来访者确有自杀意图时，首先应尽一切努力阻止来访者采取自杀行动。若没有十足的把握保证来访者不会自杀，咨询师应该迅速通知其家人、监护人或有关机构，同时做好案例记录(江光荣，2012)。在这里我们需要强调的是，关于自杀风险的评估与如何执行保密突破的评估问题。有一些不恰当的做法是，有的新手咨询师一听说对方有过自杀想法，不去评估其自杀风险的高低，就立即突破保密原则，而导致来访者愤怒或者立即执行自我伤害行为。所以要强调的是，在确认来访者有高风险的情况，再去执行保密突破。当执行保密突破时，首先要与来访者讨论保密突破是为了来访者的安全考虑，同时咨询师要注意仅对其父母或直系亲属，以及可以帮助来访者的同学或老师披露。同时，咨询师还需要尽其所能地做工作让他们注意为来访者保密。即使是在司法部门要求保密突破时，咨询师也有责任告知司法部门保密突破是有限制的。

来访者有自杀意念前来咨询时，咨询师首先要做的是预防自杀行为的发生。如果来访者处于非常危险的状态，很快就要实施自杀，咨询师应立刻联系医疗机构采取强制入院治疗措施。如果是在学校背景下发生的危机情况，立即联系其监护人的同时，联系有关院系、班主任以及学校相关部门联动进行干预。如咨询师判断来访者情况属于比较危险的程度，可以适当延长咨询时间，帮助来访者缓解情绪，降低自杀的风险。进而与来访者达成约定：一定不要自杀并签署不自杀协议。如果咨询师还是有些担心，等来访者情绪稳定之后，征得其本人同意的前提下，可以通知来访者的监护人，共同采取措施帮助来访者。例如，请其家属也来咨询，一起回家，当天晚上陪同就寝，第二天一起去医院等。或者等来访者情绪平静之后，已经没有自杀企图，但是咨询师判断来访者仍需要进一步咨询，咨询师可与其约定下次咨询的时间，继续进行咨询。

在很多存在伤害问题的场合，来访者也许会敞开心扉谈论他们的想法。然而，有时来访者也会用伪装、模糊或者隐喻的谈话方式来传达他们的意图。例如，一个有意识割伤自己胳膊的人可能不会对咨询师明确表达此事的信息，但是也许会将胳膊用绷带包扎起来，或者在炎热的天气里穿着长袖上衣。来访者也许在谈论他怀恨在心的人时紧握双拳，做出愤怒的手势，或是分享关于死亡或毁灭的幻想或影像。在这样的情况下，对咨询师来说很重要的是，暂停正在进行的咨询会谈，表现对来访者的关心，并询问来访者心里到底在想些什么(麦克劳德，麦克劳德，2016)。

(2) 有伤害他人严重危险的来访者。

当来访者表达或意涵伤害他人的严重意图时，咨询师应该采取积极的措施履行预警和保护的责任，包括涉及有关谋杀案件、亲密暴力的个案，跟踪他人的个案，威胁公职人员的个案，不适于驾驶汽车和操作危险机械的个案(林家兴，2014)，以及患有传染性疾病且有意识要传播疾病的来访者，此时咨询师必须打破保密原则，以保护社会公众的利益。虽然这一点在伦理守则(中国心理学会，2018)中没有明确提及，但是也应该提醒咨询师注意。

可供参考的识别有潜在危险性来访者的线索包括：年轻男性、失业、酗酒或吸毒，曾有暴力犯罪行为记录，冲动、偏执，以及曾表明有伤人或杀人的欲望等。如果确认个体具有伤害可辨识第三者的高风险性，咨询师必须认真考虑并执行相应的处理计划，包括预警和保护的责任。其中，预警的责任是指，心理健康服务专业人员应以合理的努力去接触那些具有严重危险的、来访者欲对之进行伤害的、可辨识的受害者，或将此威胁通知执法部门(Corey，Corey，Corey，2019)。保护的责任是指，专业人员采取措施保护可辨识的受到威胁的第三者，也包括让可能伤害他人的来访者住院治疗、增加会谈的频率、通知警察、将其转介至精神科接受咨询或药物治疗(Corey，Corey，Corey，2019)。

当来访者患有致死性、传染性疾病(如艾滋病)，且极有可能传染他人时，咨询师是否该打破保密原则，向相关方提出警示，对我国专业人员来说还是一个新的伦理课题。近年来，我国感染艾滋病病毒的人数逐年上升，咨询师在工作中很有可能接触到艾滋病阳性的来访者。若这类来访者在咨询或治疗过程中透露，他(她)有频繁的性活动，却未采取任何保护其性伙伴免受传染的措施，且不打算在近期将病情告诉其性伙伴，此时，咨询师应该鼓励、劝导来访者主动向其性伙伴袒露真相，至少采取适当的预防措施。若来访者不听劝告，咨询师应本着尊重来访者权益和对社会负责的精神，以合乎道德的方式处置(江光荣，2012)。

《中华人民共和国精神卫生法》第二十三条规定，"心理咨询人员不得从事心理治疗或者精神障碍的诊断、治疗。心理咨询人员发现接受咨询的人员可能患有精神障碍的，应当建议其到符合本法规定的医疗机构就诊"，因此当咨询师遇到有明确的精神疾病诊断的来访者时，应建议其去精神科或精神病院就诊，在遵从医嘱的同时，对其进行辅助的咨询。《中华人民共和国精神卫生法》第二十八条规定，"疑似精神障碍患者发生伤害自身、危害他人安全的行为，或者有伤害自身、危害他人安全的危险的，其近亲属、所在单位、当地公安机关应当立即采取措施予以制止，并将其送往医疗机构进行精神障碍诊断"。第三十条规定，"诊断结论、病情评估表明，就诊者为严重精神障碍患者并有下列情形之一的，应当对其实施住院治疗：(一)已经发生伤害自身的行为，或者有伤害自身的危险的；(二)已经发生危害他人安全的行为，或者有危害他人安全的危险的"。同时，第三十一条规定，"精神障碍患者有本法第三十条第二款第一项情形的，经其监护人同意，医疗机构应当对患者实施住院治疗；监护人不同意的，医疗机构不得对患者实施住院治疗。监护人应当对在家居住的患者做好看护管理"。对于疑似因精神障碍有严重自伤或伤人危险或行为的个案，咨询师应建议其及时前往医院就医。就诊者为严重精神障碍患者，且有自伤或伤人危险或行为的，应实施住院治疗。

2. 不具备完全民事行为能力的未成年人等受到性侵犯或虐待

保密例外的第二类情况是未成年来访者或不具备民事行为能力的人在接受咨询或治疗过程中透露其遭到虐待、遗弃，或成年来访者自己袒露有虐待、遗弃子女的行为。根据《中华人民共和国未成年人保护法》第十七条，未成年人的父母或者其他监护人不得"虐待、遗弃、非法送养未成年人或者对未成年人实施家庭暴力"，以及《中华人民共和国精神卫生法》第一章第九条，"精神障碍患者的监护人应当履行监护职责，维护精神障碍患者的合法权益。禁止对精神障碍患者实施家庭暴力，禁止遗弃精神障碍患者"。如果咨询师合理判断儿童或不具备民事行为能力的人遭虐待、遗弃的情况确实存在，有责任向有关部门报告；不过，在我国绝大多数老百姓心目中，通常把子女看成私有财产。咨询师在采取报告行动前，最好与同行磋商，必要时请教法律专家(江光荣，2012)。

当监护人对所监护儿童做出下列行为，则被认定为虐待。①身体虐待：对儿童身体施加暴力行为，导致外伤或产生外伤的可能；②性侵虐待：对儿童实施猥亵行为，或唆使儿童进行猥亵行为；③照管不良：监护人疏于对儿童的监护，长时间忽视或减少食物供应，影响儿童正常的身心发育；④心理虐待：监护人的言行对儿童产生严重的心理外伤(松原达哉，2015)。

其他涉及不具备完全民事行为能力者的相关情形还包括处在精神障碍发病期的病人或失能老年人受到虐待或性侵等，咨询师在心理咨询过程中，如果了解到相关情况，也应考虑突破保密，向有关机构反映，维护来访者的福祉与合法权益。

3. 法律规定需要披露的其他情况

当来访者或咨询师进入法律程序时，执法机构或司法机关可能为搜集证据，要求咨询师提供心理咨询的保密资料。此时，咨询师必须与相关执法机构和司法机关人员确认适用的法律的依据是什么，以决定作证的合法性，才能确认出庭作证的透露范围；必要时应提前向律师咨询。心理咨询师有伦理责任，应告知来访者将披露的信息，并尽力找出降低伤害的方法。

关于来访者提出的诉讼案件，可能是来访者控告咨询师，此时意味着来访者自动放弃其隐私保密的权利,咨询师有权自卫,不必再为其保密。另外,来访者被控或控告他人,例如来访者对他人提出控诉,控告他人对自己造成身心的伤害,要求赔偿。来访者为了胜诉,要求参考咨询记录。此时,咨询师无法避免提供资料,但最重要的是这种情形下咨询信息的披露,是出自来访者的意愿,以控告别人;不过,咨询师此时需要注意帮助来访者分析其信息披露的利弊,以便来访者更为理性地评估是否要披露自己在咨询中透露的相关信息。当然如果来访者愿意的话,也有撤诉的自由,此时咨询师仍有为其保密的责任。当来访者作为被告卷入刑事或民事案件中时,若咨询师是奉法庭之命出庭提供来访者咨询资料,要考虑到保密原则和以来访者利益为优先的原则,尽量提供客观的且对来访者有利的实证。

三、保障来访者隐私权

> 3.4 心理师应按照法律法规和专业伦理规范在严格保密的前提下创建、使用、保存、传递和处理专业工作相关信息(如个案记录、测验资料、信件、录音、录像等)。心理师可告知寻求专业服务者个案记录的保存方式,相关人员(例如同事、督导、个案管理者、信息技术员)有无权限接触这些记录等。

基于维护来访者的隐私权,心理咨询师必须以最安全的方式保护咨询资料,不得有任何疏忽。保护咨询资料的安全是咨询师的伦理、法律及专业责任。咨询机密和一般社交中的秘密不同,主要在于咨询中的任何数据,包括言语及书面的所有数据,没有来访者的许可或同意,都不能透露给外人,否则会有严重的伦理及法律后果。所谓任何数据,不仅包括来访者在咨询过程中所说的话,凡是与其咨询有关的咨询记录、测验分析数据、相关会议记录、往来信件及来访者基本资料等都包括在内,而且无论文字、图片及所有电子影音文件都涵盖其中(牛格正,王智弘,2018)。

心理咨询师有法律和伦理上的责任以安全的方式保存记录,咨询师应将侵犯来访者隐私的概率降到最低。妥善保存咨询资料,咨询师责无旁贷。咨询师有责任将来访者的记录保存在安全的场所,特别是心理咨询机构要建立明确的资料保管的规范及措施,以确保心理咨询资料的安全与保密。心理咨询师对来访者的隐私要特别谨慎小心,包括不要无意侵犯来访者的隐私,尤其是在他人面前处理咨询资料时,以网络工具和来访者开展咨询时,或是与同事、家人、亲友等聊天时,都要注意不要泄露咨询中的个人隐私。通过邮件、网络等方式传送资料时要特别谨慎,应通过文件加密方式等以降低信息外泄的风险。同时,临床工作者也有责任通过合理的流程,保护来访者的资料在案例讨论或教学、科研、写作、科普宣传等场合中不会被泄露。

近年来,咨询资料电子化存储、在线咨询、网络咨询的运用,对保密的权利与责任,带来了新的挑战,也引发了相关伦理议题的思考。咨询资料电子化储存是保存数据的新趋势,但对咨询机密的保护,却产生了极大的影响。电子化保存咨询资料有其优势,那就是容量大且易整理。但它的弊端也不应忽视,例如容易被盗用、被复制等。咨询师采用电子设备(包括电脑、智能手机等)存储咨询数据时,应慎重考虑其利弊得失,采取适当的保护措施,保护来访者的隐私。当使用电子邮件等方式传输咨询资料时,对于保密会产生一定程度的威胁,应特别注意采用安全措施,如对电子文档加密。对于想和来访者交换电子邮件的咨询师,最好提供一份声明(如同知情同意的一部分),详细说明咨询师使用电子邮件的原则与限制、潜在的保密风险及预计的处理时间。较好的做法是限定电子邮件只发送基本信息,比如预约时间(Corey,Corey,Corey,2019)。当使用传真传输咨询资料时,事先应电话通知接收者,以便对方有专人等候接收,之后再电话查问,以确定其本人接到所传送的数据。高度敏感的数据则不宜通过传真或电子邮件传送,需要进一步说明的是必须杜绝用微信的方式传输来访者的任何资料。

> 3.5　心理师因专业工作需要在案例讨论或教学、科研、写作中采用心理咨询或治疗案例,应隐去可能辨认出寻求专业服务者的相关信息。

心理咨询师在本专业的科学研究和教学中(包括演讲和著述)使用来访者的资料,必须确认交流是在纯专业情景下进行,并且"应适当隐去那些可能会据以辨认出服务对象的有关信息"。通行的做法是隐去来访者的真实姓名、住址和具体隶属机构(江光荣，2012)。如果写作或研究中一定需要使用来访者的资料，应注意：使用简短案例的，同样要隐去有关信息；如果要发表完整案例，必须有来访者签署的书面的知情同意书。如涉公开出版或演讲，要强调案例已经过了保密处理；需要提醒的是，与来访者签署的案例使用的知情同意书应明确案例使用范围，如仅用于专业期刊的案例报告，并不意味着有了来访者签署的知情同意就可以将其有关信息放在其他(例如公众网络或个人微博等)信息平台上。

松原达哉(2015)曾经提醒咨询师，因为职业关系而获得的来访者的秘密或信息，没有正当理由不允许泄露给第三方或者私自使用。而且，如果在学术研究中将咨询个案作为案例进行发表，必须经过来访者的许可。即使获得了来访者的许可，也要注意保护来访者的个人隐私，防止第三者通过案例对号入座，推测出来访者真实身份。

> 3.6 心理师在教学培训、科普宣传中，应避免使用完整案例，如果有可辨识身份的个人信息(如姓名、家庭背景、特殊成长或创伤经历、体貌特征等)，须采取必要措施保护当事人隐私。

心理咨询师为了来访者的利益，需要与其他咨询师或专家会商，或接受督导，有时也包括与来访者的父母或配偶交换意见，其中会涉及披露来访者的有关信息。例如，在案例讨论时与同行讨论诊断和治疗问题，目的是透过同行的视角启发咨询师更好地帮助来访者。如果是未成年来访者或者被动来访者，需要向教师提出个别辅导的建议，或要求父母、配偶采取一些配合治疗的措施。在这样做时，咨询师的行动原则是，先确认这样做是为了来访者的最大利益，然后向来访者说明这样做的理由，以及将怎样与第三方交流，并得到来访者的同意和信任(江光荣，2012)。

在教学培训、科普宣传中，为了使受训者或受众更好地理解咨询的过程和方法，使用案例教学是常用的方法，但建议不要直接引用自己正在咨询的个案，以免让学员认为可以随意使用来访者的信息。即使使用了加工整理过的个案信息,也要向学员声明个案是经过加工修改的。将来访者的个案信息直接公布在网络上,无论是介绍咨询过程,或是以督导的名义进行发布,都是不可取的。即便是加工过的案例,也容易被来访者误认为是自己的故事而感到被伤害。Corey 等人(2019)认为,"隐私议题所涉及的还包括实务工作者也从事教学、举办工作坊、写书、撰写期刊文章及演讲等方面。如果这些实务工作者使用临床上的案例,适度的隐藏来访者的可辨识身份的信息是很重要的。此外,教授咨询课程的人还必须向学生解释,他们会在课堂上所有的报告中适度隐藏来访者身份。当然,学生在课堂上的个人评论也必须保密"。比较谨慎的做法是,不要以现在的来访者作为案例进行介绍。

第三节 典型案例分析

在临床实践中有许多涉及隐私权与保密性的问题,也是伦理学习中问题最多、讨论最热烈的部分。为了帮助读者理解隐私权与保密性的伦理界限,学习对此类议题如何进行伦理判断、思考以及决策,我们编制了案例进行伦理处理的分析。

案例 1 未成年人的案例

小红是某中学的一名初中生,今年 15 岁。她来到学校的心理咨询中心进行心理咨询,心理老师刘老师接待了她。在第二次咨询时,小红向刘老师透露,她的母亲早年去世,自己和 8 岁的妹妹与父亲一起居住。父亲忙于生计,常年不定期外出打工。因为缺乏看护,小红近期遭受了邻居李叔叔的性侵犯。小红感觉深受侮辱,生无可恋,觉得不如自我了断。刘老师在咨询中还发现,小红手臂上有多处划痕。小红告诉刘老师,这是因为自己感到太痛苦了,没法发泄情绪,所以只能用小刀划自己的手臂来缓解痛苦。刘老师问小红,是否可以向班主任老师透露这些问题,看看学校和班主任老师能否帮到她,小红觉得这是很羞耻的事,不愿意告诉别人,求刘老师帮自己保密。

请思考以下几个问题

1. 咨询师刘老师目前遇到了哪些伦理问题？

2. 对于未成年的来访者受到性侵的伦理处理如何做？

3. 如果你是小红的咨询师，你会采取下列哪一项行动？请选出你认为合适的行动：

(1) 在初次咨询中，就保密原则及保密例外的情况进行相应介绍，进行知情同意工作。

(2) 在了解小红近期遭受邻居性侵的相关情况后，在与小红充分讨论的基础上，鼓励小红向班主任老师、学校求助，并鼓励其报警维护自身权益。

(3) 针对小红的自伤行为、自杀意念，评估其风险程度，与其讨论设定"不自伤/自杀承诺"。同时，在与小红充分讨论的基础上，与其班主任老师进行沟通，以保护小红的人身安全。

(4) 在咨询中知道小红近期遭受邻居性侵的情况后，在安抚小红情绪后，立即向公安机关报案或举报。

(5) 持续与小红进行心理咨询，不做任何约定。

(6) 建议小红转介至精神科医生处进行诊治。

(7) 详细记录你的决策与干预过程。

4. 在第3题中你做了什么样的选择？你的选择是基于什么样的考虑决定的？

分析与讨论

该案例涉及伤害自身的严重危险，以及未成年人遭受性侵犯的保密例外的情形。目前，在中小学心理咨询服务中，并没有或基本没有履行监护人知情同意，未成年人在未得到父母知晓来学校咨询室寻求咨询时，咨询师会遇到尊重未成年人的隐私权还是尊重父母的监护权的两难困境。学校有两种方式取得家长的知情同意：一是新生入学时，校方可请家长签署一张同意书，同意让学生接受学校所提供的各项服务，包括个体咨询、团体辅导、心理测验、卫生保健等；二是当学生需要心理咨询时，再请家长或监护人针对是否接受学校安排的心理咨询签署知情同意(林家兴，2014)。

最高人民检察院、国家监察委员会、教育部、公安部、民政部、司法部、国家卫生健康委员会、中国共产主义青年团中央委员会、中华全国妇女联合会于 2020 年 5 月 7 日联合下发《关于建立侵害未成年人案件强制报告制度的意见(试行)》，其中规定：

第二条 侵害未成年人案件强制报告，是指国家机关、法律法规授权行使公权力的各类组织及法律规定的公职人员，密切接触未成年人行业的各类组织及其从业人员，在工作中发现未成年人遭受或者疑似遭受不法侵害以及面临不法侵害危险的，应当立即向公安机关报案或举报。

第四条 本意见所称在工作中发现未成年人遭受或者疑似遭受不法侵害以及面临不法侵害危险的情况包括：

(一) 未成年人的生殖器官或隐私部位遭受或疑似遭受非正常损伤的；

(二) 不满十四周岁的女性未成年人遭受或疑似遭受性侵害、怀孕、流产的；

(三) 十四周岁以上女性未成年人遭受或疑似遭受性侵害所致怀孕、流产的；

(四) 未成年人身体存在多处损伤、严重营养不良、意识不清，存在或疑似存在受到家庭暴力、欺凌、虐待、殴打或者被人麻醉等情形的；

(五) 未成年人因自杀、自残、工伤、中毒、被人麻醉、殴打等非正常原因导致伤残、死亡情形的；

(六) 未成年人被遗弃或长期处于无人照料状态的；

(七) 发现未成年人来源不明、失踪或者被拐卖、收买的；

(八) 发现未成年人被组织乞讨的；

(九) 其他严重侵害未成年人身心健康的情形或未成年人正在面临不法侵害危险的。

咨询师刘老师应该在安抚小红使其情绪稳定之后，做好对小红的保护工作，说清楚自己必须遵循法律，告知法定监护人情况，以及上述文件的保护意义，同时在顾及小红的隐私权的前提下，通知小红的父亲，并做好向公安机关报案或举报的准备工作。

该案例中来访者小红是未成年人，根据《中国心理学会临床与咨询心理学工作伦理守则(第二版)》3.2条，"(2)不具备完全民事行为能力的未成年人等受到性侵犯或虐待"属于保密例外的情况。按照《中华人民共和国民法典》第二十七条："父母是未成年子女的监护人。未成年人的父母已经死亡或者没有监护能力的，由下列有监护能力的人按顺序担任监护人：(一)祖父母、外祖父母；(二)兄、姐；(三)其他愿意担任监护人的个人或者组织，但是须经未成年人住所地的居民委员会、村民委员会或者民政部门同意。"所以，该案例中的咨询师首先应该通报小红的父亲，并与其协商向公安机关报案或举报，避免小红再次受到伤害。

该案例中小红因为有顾虑，不愿意咨询师突破保密原则，在这样的情况下，咨询师与来访者及其监护人充分讨论保密例外就显得十分重要。咨询师的胜任力之一是能够选择正确的时机和来访者核对保密性的界限。如果来访者明白了咨询师的专业性，并获得被关心的感觉，围绕保密性的简短讨论将有助于加强咨询关系和咨询师-来访者"联盟"。这些讨论同样具有预防的价值——在心理咨询后期出现的关于保密性被破坏的误解将是非常有破坏性的(麦克劳德，麦克劳德，2016)。因此在咨询之初就向来访者清楚介绍保密原则及其例外情况，并开展知情同意工作就显得十分必要。

学校咨询师在咨询时，保护来访者的隐私是一个要面对的伦理挑战。虽然他们可能被要求向父母或校方提供特定信息，但同时必须持有的基本态度是，尽量以对儿童或青少年隐私的最低侵犯为标准，以及表现出对未成年来访者的尊重(Corey，Corey，Callanan，2004)。

关于该来访者的自杀风险，咨询师应具备心理危机评估与干预相关的胜任力。考虑到来访者有自残行为以及消极厌世态度，咨询师应建议其前往精神科医生处进行诊治，由精神科医生判断其是否需要进行药物治疗或住院治疗。在心理咨询过程中，咨询师可以通过书面的"安全计划"(Corey，Corey，Corey，2019)来预防风险。咨询师和来访者合作发展出个性化的安全计划，旨在帮助来访者抵制自杀念头和行动。安全计划通常有一个介绍性的段落，用以向来访者灌注希望，提醒他们大多数的自杀想法是暂时的，并且当个体找到并实践其他替代行为时就会减少。然后要求来访者列出自己活着的理由，如果他们想不出任何理由，意味着他们可能需要更高等级的看护。咨询师可以邀请来访者找出一些可以进行的自我照顾的行为(如听音乐、洗澡、散步等)，并请他们列出两个人的姓名和电话，在情绪非常不好时，他们可以给这两个人打电话求助或聊天，以分散(自杀念头的)注意力。同样地，如果来访者无法列出任何一位可以打电话的对象，也意味着他们可能需要更高等级的看护。为来访者提供紧急自杀预防的电话号码(自杀热线、危机干预小组的手机号码)。如果来访者已经尝试过安全计划中所有的事项，却仍感到想要自杀，在学校咨询室的情景下，咨询师要立即增加一次咨询面谈；如果是非学校的机构，要请其家人立即送医院看护；如果没有家人帮助，且其正在实施自杀，要考虑报警。安全计划也可以有效地运用于自伤来访者。一份不伤害契约会有许多限制，但安全计划是能促进咨询关系，减少严重伤害风险的有效方法。创造安全和不评判的氛围是至关重要的，这能鼓励来访者谈论情绪上的伤痛，并探索除了自伤以外的替代性应对策略。

案例2　保密须时时注意

　　小张是一家心理咨询工作室的咨询师，这天她接待了来访者李先生。李先生向小张透露，自己的性取向为同性，但家人却不断要求自己尽早成婚，他感到十分苦恼。小张在1小时的咨询过程中充满诚意地聆听了李先生的倾诉，并针对其烦恼深入开展了工作。咨询结束时，李先生感觉心情不那么沉重了，并和小张预约了下一次的咨询时间。在离开咨询室后，李先生突然想起来自己原本约定的咨询时间另有安排，就返回咨询室找小张，但小张已不在咨询室。于是，李先生按门牌指示找到小张的办公室，想和她重新商量下次的咨询时间。这时，小张已经返回自己的办公室，恰巧她的两位同事正在办公室谈论同性恋议题，小张透露说："我今天就接待了一个同性恋的个案，他很痛苦啊。我觉得今天的工作挺困难的……"小张话还没说完，李先生正好来到了办公室，恰巧听到了小张对自己的评价，他顿时感到十分羞恼，没想到自己好不容易鼓起勇气透露的秘密，竟然这么轻易地被告诉了不认识的人。他生气地转身离开，对心理咨询失去了信心，再也没有来找过小张。

请思考以下几个问题

1. 小张的行为涉及什么伦理问题?
2. 如果小张说和同事谈论这件事是在进行案例讨论,你认为可以吗?
3. 如果小张真的感觉对同性恋个案工作有困难,她应该如何处理?
4. 如何保护来访者的隐私?什么情况下才可以突破保密原则?

分析与讨论

该案例涉及对来访者隐私的保护。保障来访者隐私权是咨询师的重要工作伦理。咨询师在非专业场所谈论个案,泄露来访者的信息,不仅会失去来访者的信任,也会对咨访关系造成严重并且常常是不可挽救的损害(江光荣,2012)。

咨询师应该始终尊重、关注来访者的资料并对其保持敏感性。作为一名咨询师,要培养将来访者的信息分别储存在自己脑海中的"盒子"里的能力,并只在需要的时候才打开这些盒子。向朋友或同事生动重述来访者困惑的故事是有诱惑力的,有时甚至是咨询师情绪上的需要。这种行为是危险的,因为即使是故事中小的或附带的部分也可能会让来访者被他人认出来。对所有咨询师来说,任何传递来访者资料的"默认模式"都需要极其的谨慎和敏感(麦克劳德,麦克劳德,2016)。因此,为了避免透露来访者隐私的风险,涉及来访者具体信息的相关讨论,应该在专业、保密、安全的场所开展。

 案例3 Tarasoff案

1969年8月,一位名叫Poddar的人自愿到伯克利加州大学的学生健康服务中心门诊,和一位名叫Moore的心理咨询师进行咨询。Poddar向Moore吐露他想杀死一位不知名的女孩(后来查出女孩名叫Tarasoff),等她从巴西旅行回来的时候就要动手。Moore评估Poddar具有危险性,应该送往精神病院进行观察。Moore之后给校园警卫打电话,告诉他们Poddar的危险性。校园警卫找到Poddar进行讯问,但他表现得很"理性",也承诺和Tarasoff保持距离,此后警卫部门就让他离开了。Moore在打完电话之后还寄了一封正式信函给校园警卫的负责人寻求协助。但之后,Moore的督导师请他把公函撤回,命令将公函和Moore

所做的笔记一并销毁,并要求停止对这个案例的任何行动。而 Tarasoff 和她的家人从未被告知这一潜在危险性的存在。

此后,就在 Tarasoff 从巴西回来后不久,Poddar 杀害了她。Tarasoff 的父母控告大学董事会及相关人员未将这一预谋威胁告知可能的受害者。初等法院驳回了此案,Tarasoff 的父母再次上诉。1976 年,加州最高法院裁决支持 Tarasoff 的父母,认为没有提醒预谋中的受害者是专业人员的失责。

在 1974 年初审时,初等法院引用了"预警责任"(duty to warn),1976 年加州最高法院解释为"当治疗师决定,或是依照他的专业标准决定,他的病人呈现严重危及他人的暴力行为,他就有义务保护预期会面临危险的被害人"。此后,美国各州的心理健康专业人员就被赋予了预警和保护的责任(案例源自: Coery,Coery,Callanan,2004)。

请思考以下几个问题

1. 如果你是 Moore,你会怎样做?
2. 在这个案例中,心理咨询师存在怎样的伦理问题?
3. 如果你是 Moore,你会听从上级主管及督导师的建议吗?
4. 在心理咨询中如何保护潜在的受害人?如果没有明确的潜在受害者,心理咨询师应该如何处理?
5. 什么叫"预警和保护"的责任?如何评估你的来访者是否要实施预警?
6. 在面对这样的案例时如何进行伦理决策?

分析与讨论

Tarasoff 案件引发了心理健康专业领域对有关"预警和保护"(duty to warn and protect)的责任和助人专业人员法律责任的关注。"当公共危险发生时",对来访者隐私的"保护特权即终止"。心理健康专业人员对来访者负有伦理及法律的责任,同时也对社会负有法律责任(Corey,Coery,Coery,2019)。

当来访者向咨询师或者其他人提及危险性行为时,他们其实是在寻找帮助以避免伤害性的事情发生。因此,对于咨询师来说,做好准备对这些情境做出建设性、积极地回应是很有必要的(麦克劳德,麦克劳德,2016)。而咨询师可能的疏忽是指在从事临床实践时没有对潜在的暴力进行风险评估,未能提醒第三者注意可能会发生的危险。

心理健康专业人员应该熟悉暴力行为的预警信号、危险因素及行动的可能性。咨询师应该对所有表现出暴力征兆的来访者做完整的风险评估,可以考虑的事项如下——①评估个案是否具有下列和暴力相关性较高的因子:男性、有暴力前科、经常搬家、事业存在问题或无正当职业、生活或成长于暴力的亚文化中、滥用酒精或毒品、较低的智力、来自暴力的家庭、拥有武器以及可以接近受害人等;②评估个案的动机:询问个案,"你对某些人感到很生气吗?""你想要伤害别人吗?"只要其中一个问题是肯定回答,便要询问个案是否有具体的行动计划、想法持续多久、是否担心自己无法控制想要伤人的冲动,以及是否已经采取行动;③评估个案过去的暴力行为;④评估个案的行为控制能力;⑤评估个案的语气:例如"我希望他死掉"是一种被动的语气,"我要一刀杀了这个混蛋"以及"这个家伙如果再骚扰我老婆,我就杀了他"是主动的语气。评估结果如果发现个案具有暴力危险性,接下来可以通过三种方式开展工作:①在心理咨询中,和个案一起处理他的问题;②和第三者,如督导师、潜在受害者或警察,讨论个案的问题;③鼓励个案自愿住院治疗或强制个案住院治疗(林家兴,2014)。

小 结

保密原则对于发展出一个信任而有效的咨询关系而言十分重要。只有来访者信任咨询师以及能够确信咨询关系的私密性时,咨询才能继续。因此,专业人员有责任向来访者说明自己可以承诺的保密程度。来访者有权知道咨询师可能会和同事或督导师探讨自己问题的某些细节。在考虑是否应打破保密原则时,咨询师需要考虑到伦理及相关的法律规定、自己所在机构的规定以及来访者的利益。

咨询师发现来访者有伤害自身或他人的严重危险,或不具备完全民事行为能力的未成年人等受到性侵犯或虐待时,咨询师应该采取积极的措施实现预警和保护的责任。根据法律和伦理的规定,咨询师合理判断不具备完全民事行为能力的来访者遭虐待、性侵的情况确实存在，有责任向有关部门报告。

咨询师应以安全的方式保存咨询记录，对采用新型媒介传送、储存来访者信息要保持高度敏感性。同时注意在教学、写作、科普宣传中保护来访者的隐私。

思 考 题

1. 咨询师应如何界定心理咨询的保密性？
2. 当面临来访者要自我伤害或伤害他人时，咨询师应如何考虑保密与预警的界限？为什么？
3. 如果来访者突发意外死亡，咨询师可以公布来访者的隐私吗？
4. 近年来，诸如"云端"的电脑科技迅速发展，使用云端作为工作场所以外的储存工具，可能会给心理咨询的保密性带来怎样的风险？如何防范这样的风险？
5. 在案例讨论或教学、科研、写作过程中应如何保护来访者的隐私？
6. 以团队方式提供心理服务时，在保护来访者隐私方面应注意什么？
7. 通过网络进行团体督导时，如何保护个案的隐私？

参 考 文 献

COREY G，COREY M S，CALLANAN P，2004. 咨商伦理. 王志寰，译. 台北：新加坡圣智学习亚洲私人有限公司台北分公司.

COREY G，COREY M S，COREY C，2019. 专业助人工作伦理：第 2 版. 修慧兰，林蔚芳，洪莉竹，译. 台北：新加坡圣智学习亚洲私人有限公司台北分公司.

江光荣，2012. 心理咨询的理论与实务. 2 版. 北京：高等教育出版社.

林家兴，2014. 咨商专业伦理：临床应用与案例分析. 新北：心理出版社.

麦克劳德，麦克劳德，2016. 心理咨询技巧：心理咨询师和助人专业人员实践指南：第 2 版. 谢晓丹，译. 上海：上海社会科学院出版社.

牛格正，王智弘，2018. 助人专业伦理. 上海：华东师范大学出版社.

钱铭怡，2016. 心理咨询与心理治疗：重排本. 北京：北京大学出版社.

斯佩里，2012. 心理咨询的伦理与实践. 侯志瑾，译. 北京：中国人民大学出版社.

松原达哉，2015. 咨询心理学. 张天舒，译. 北京：机械工业出版社.

中国心理学会，2018. 中国心理学会临床与咨询心理学工作伦理守则：第 2 版. 心理学报，50(11)：1314-1322.

5

专业胜任力和专业责任

第一节 理解专业胜任力和专业责任

在《中国心理学会临床与咨询心理学工作伦理守则(第二版)》中,专业胜任力和专业责任的内容贯穿其中。在总则中,"责任"是其中之一;在具体条款的第四部分,以"专业胜任力和专业责任"为标题,列出6条相关要求;在其他各条款中也普遍渗透着与专业胜任力和专业责任相关的内容。与第一版伦理守则相比,第三章"职业责任"部分,在第二版中改为"专业胜任力和专业责任",增加了专业胜任力这个重要概念(中国心理学会,2018a)。

责任作为伦理守则的总则之一,是将"责任意识"作为一种贯穿职业始终的价值观念。伦理守则在此原则的具体陈述中,与第一版相比,第二版删除了"对自己的行为承担责任",增加了"承担起相应的社会责任"的内容。承担相应的社会责任对咨询师的责任提出了更高的要求,不仅要对专业负责,也需要对专业的社会影响负责。

心理咨询中的专业胜任力问题是当前我国临床心理学服务中最重要的议题,不少从业者存在难以胜任专业工作的感受。赵静波等人(2009)对心理咨询师专业能力和情感能力的调查显示,76.2%的人感觉自己难以胜任专业工作。

一、专业胜任力和专业责任的内涵

责任,指一个人必须承担和去做的事情。承担责任往往对他人、对社会有益,而个人则需要做出某种牺牲。虽然在不同的历史文化时期和不同的情境下,责任的内涵有所不同，但当运用"责任"这个词时，都意味着是一种"应该如此"的强制性的要求，也意味着如果无法做到，个人就需要承担相应的后果。这种强制性并非出于法律要求，而是出于伦理共识。

专业是指一个领域。当一个领域被认为是一个专业时，通常意味着进入这个领域需要更长的对该领域独特知识的学习时间，从事此领域专业工作的人员通常会有一个被管理机构或者大众认可的标准、资质和身份。也通常会有一个与专业密切相关的职业，从事此职业的专业人员因此获得相应的收入和社会地位。例如，每个人都可以教育他人，但各个国家对教师的专业资格要求和从业要求以及待遇都有严格的规定，符合这些规定的人，才是真正的"教师"。当论及一个人的专业性时，是指其是否同时具备专业训练、专业资格、专门从事专业实践。

自弗洛伊德开始，经过一百多年以来一代代先驱们的努力，心理咨询和心理治疗已经成为一个被普遍认可的专业，并在人类健康领域中扮演着重要的角色。以促进心理健康为目的的专业组织，无论是从心理服务对来访者影响的权威性角度，还是从专业组织对本专业的尊重和发展角度，都强调自身的专业性。心理咨询与治疗作为服务他人的专业，专业责任是其天生的使命之一。

胜任力(competency)这个概念最早由哈佛大学的戴维·麦克莱兰(David McClelland)教授于1973年正式提出，是指能将某一工作中有卓越成就者与普通工作者区分开来的个人的深层次特征，它可以是动机、特质、自我形象、态度或价值观、某领域知识、认知或行为技能等任何可以被可靠测量或量化的，并且能显著区分优秀与一般绩效的个体特征。

专业胜任力和专业责任，关注心理咨询和心理治疗作为一个专业(以及行业)所应该承担的责任，更多强调的是从业者对整个专业(以及行业)发展的责任和义务，而不仅仅是某个具体情境或者具体关系的行为指导。从这个角度来说，专业责任和专业胜任力不仅仅是一个独立的伦理议题，更是一名专业从业者在整个职业历程中对待伦理的态度：是否有专业责任感，是否关注了专业胜任力。同时，专业责任还强调专业人员不仅自己要遵守伦理，也应承担对同行、对社会的专业责任。

二、临床与咨询心理学工作中的专业胜任力

1. 知识、技能、态度是专业胜任力的主要构成部分

在临床与咨询心理学专业人员的胜任力研究中,一个被广泛接受的观点,是将专业胜任力的结构分为知识、技能、态度三个维度(王铭,江光荣,闫玉朋,周忠英,2015)。此外,也有研究者提出了基础性胜任力和功能性胜任力的概念(Rodolfa et al.,2005)。2011年11月在美国亚利桑那州的斯科茨代尔(Scottsdale)召开的"胜任力会议"确认了临床心理学从业者的八个核心胜任力,即心理学的科学基础和研究、心理评估、心理干预、督导、咨商与跨专业合作、个体与文化多样性、伦理与法律议题、专业发展。王铭等人(2015)提出了我国心理咨询师与治疗师的核心胜任力包括以下六个方面:专业态度与行为、伦理与法律;临床知识与技能;科学与研究;关系建立;多元文化及中国文化;个案管理。其中,专业态度与行为指专业价值观、自我觉察与反思能力等;伦理与法律指对心理咨询专业伦理和相关法律的遵守;临床知识与技能包括评估/诊断/个案概念化,以及制定和实施治疗方案的能力;科学与研究指能科学地对专业实践进行思考和反思;关系建立包括与服务对象及其照顾者、其他相关专业人士、服务对象的组织等建立关系的能力;多元文化指觉察、理解和尊重文化多样性,并能在专业实践中考虑到中国文化因素;个案管理指为了服务对象的获益,熟悉并能协调其他专业服务资源。

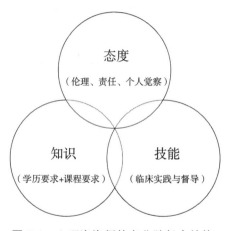

图5.1 心理咨询师的专业胜任力结构

(1) 专业知识。

专业知识指掌握临床心理学专业系统性的知识体系。在《中国心理学会临床与咨询心理学专业机构和专业人员注册标准(第二版)》中,有临床与咨询心理学本科培养方案、硕士培养方案、博士培养方案的课程要求(中国心理学会,2018b)。这些课程既包括发展心理学、人格心理学、社会心理学、实验心理学等基础课,也包括心理评估与会谈、心理咨询与治疗实务、团体心理辅导等专业课程,还有明确的实践、实习和督导要求。系统性学习不仅能全面地了解整个学科的知识,更重要的是能够理解学科的价值观和哲学观,能够掌握学科的研究方法和历史发展,同时还能够了解并接受学科知识的局限性。

学历教育是建立系统性知识体系的基础。缺乏系统性知识体系,往往不容易真正觉察知识本身的局限,也因此不易觉察知识局限造成的专业实践中的问题。有学者指出,重视正规训练和学历教育是将心理咨询作为一种高级专业活动的体现(江光荣,夏勉,2005)。但这并非是说没有系统学习机会的人,就无法从事专业心理咨询工作;而是建议,如果没有机会获得学历教育的系统学习机会,应考虑对自己缺乏的专业知识进行系统性的补充学习,而不是一味地去追求更偏、更奇的内容。

(2) 专业技能。

专业技能包括有关技能的知识、练习,以及将其真正且有效地运用到与来访者的工作过程中。包括沟通和建立咨询关系的技能、评估/诊断/个案概念化的技能、制定和执行咨询计划及方案的技能等。

有研究者将专业技能分为临床技能和技术技能两类(Neufdld,Norman,1986;Overholser,Fine,1990)。临床技能是所有临床心理学从业者必须掌握的具有共通性的技能,包括有效沟通的能力、建立关系的能力、对来访者的评估等。技术技能是指临床心理学从业者必须掌握的,但每个人所掌握的具体内容不同的技能,常常指那些基于某个理论的具体操作技术。

(3) 态度与价值观。

道德伦理是为了人类美好生活而倡导的人类共同生活的行为准则和规范,善行、责任、诚信、公正、尊重是这些准则的出发点。伦理体现在专业态度中。

在临床心理学专业工作中，态度是指从业者能确保对来访者不伤害，并愿意尽最大的努力和可能帮助来访者；用严谨、认真、负责的态度对待每一次的临床工作；为了帮助到来访者愿意牺牲自己更多的时间用于专业学习和研究。态度也意味着当从业者发现无法为来访者提供有效的服务时，能为来访者提供转介。

2. 胜任力是与工作效果相关的综合能力表现

胜任力不是知识、技能和态度三者的简单相加，而是在实际的专业服务中，综合三者的作用所呈现出的结果。胜任力表现在一个人的专业工作绩效上，主要用完成任务本身的绩效来判断(Jensen，1979)。因此，胜任力是一种从来访者获益性的输出端来反思专业服务输入和过程中的问题的动态视角。专业工作者不仅要具备应有的知识、技能和态度等静态能力，同时需要敏锐地觉察来访者个人因素和环境因素所带来的动态影响。

胜任力也体现在心理咨询师对科学价值的认可和遵循上。心理学作为一门科学的历史并不是很长，直到如今人们在认识人类心理问题过程中，仍然充斥着大量非科学的知识和态度。在这个背景下，临床心理学家在从业过程中，需要有更为坚定的科学态度和精神。科学是近代形成的一种认识世界的途径，采用客观实证的方法来证明和发现事实。这种方法也促发了人的自由精神：用自己的头脑进行严谨地探索并得出自己的观点的精神。科学不是技术，不是权力和服从，对科学的追求需要秉持一种理性、求真、诚实、探索、创新、严谨的精神。在当前我国心理咨询与心理治疗行业中，科学素养与科学价值的意识是特别值得关注的一个议题。以科学的态度，经认真的思考，学习新的知识和经验，这样才能始终保持良好的专业胜任力。

3. 胜任力表现为对工作界限有清晰的认识并在此基础上提供专业服务

在临床心理学专业领域中，我们所谓的普遍意义上的胜任力是不存在的。每一位专业人员的胜任力都有其局限性。没有无所不能的人，因此也不可能有普遍意义上的胜任力。胜任力意味着咨询师能清晰地认识到自己所掌握的知识和技能的程度，能清晰地认识到自己所胜任的群体或问题；在此基础上，谨慎、负责地提供专业服务。胜任力所设置的界限并不是限制咨询师去尝试新的实践，而是要求咨询师要确保在新的实践中，必须以严肃、谨慎的态度，避免因不胜任而导致的对来访者权益和利益的伤害。

在专业发展的早期，胜任力的界限问题是最为突出的伦理问题；在职业发展的成熟期，胜任力的界限问题依然普遍存在。但也有研究者指出，在一些心理咨询资源严重缺乏的偏远地区，对胜任力的界限问题的界定要特别对待(维尔福，2010)。同时，这并不等同于咨询师的专业实践就可以因此而任性随意，依然需要负责和谨慎地对待。

第二节　专业胜任力和专业责任一章伦理条款及其解读

伦理守则第四章，是对"专业胜任力和专业责任"的具体论述，从专业界限和个人能力、继续教育、自我保健等方面阐述了对专业胜任力的伦理要求，从宣传的真实性和专业社会责任方面阐述了对专业责任的伦理要求。

此外，在伦理守则其他各章节中，也渗透着与专业胜任力和专业责任相关的具体要求和思想。例如，伦理守则条款 1.12 要求"心理师认为自己的专业能力不能胜任为寻求专业服务者提供专业服务"，应"本着负责的态度将其转介"；条款 6.3 要求从事教学、培训和督导工作的心理师应"在胜任力范围内开展相关工作"；条款 9.2 要求"心理师应在专业胜任力范围内，根据自己的教育、培训和督导经历、工作经验与媒体合作，为不同人群提供适宜而有效的专业服务"，等等。

> **4. 专业胜任力和专业责任**
> 心理师应遵守法律法规和专业伦理规范，以科学研究为依据，在专业界限和个人能力范围内以负责任的态度开展评估、咨询、治疗、转介、同行督导、实习生指导以及研究工作。心理师应不断更新专业知识，提升专业胜任力，促进个人身心健康水平，以更好地满足专业工作的需要。

一、心理师应知晓与专业服务相关的法律法规及其服务场所的相关规定

专业胜任力和专业责任首先强调心理师对法律法规的遵守，对专业伦理规范的遵守。从专业责任的角度看，这里的遵守不是被动地服从，而是主动的认同和执行，同时必须承担违反相关规定的后果。心理师要主动学习和熟悉相关的法律法规和伦理守则。我国目前还没有心理师相关法律条款，个人更需要重视专业工作中可能涉及的法律法规，主动了解并积极向相关专家请教。

例如，以中小学心理辅导中心的心理咨询工作来说，咨询师不仅要熟悉《中华人民共和国宪法》《中华人民共和国民法典》《中华人民共和国精神卫生法》《中华人民共和国义务教育法》《中华人民共和国未成年人保护法》《中华人民共和国反家庭暴力法》，等等；甚至遇到特殊问题还需要了解具体的相关法律，比如《中华人民共和国残疾人保障法》；同时也需要了解自己工作所在地的政府或人民代表大会做出的相关规定。

> 4.2 心理师应规范执业，遵守执业场所、机构、行业的制度。

心理师的工作场所涉及精神卫生专科医院的心理科、综合性医院的心理科、高校心理咨询或心理健康中心、中小学心理辅导室、企业的福利或人力资源部门、私人开业的公司，等等。不同机构所属行业不同，不同行业的管理要求也各不相同。就私人开业来说，有的是营利性的在工商部门登记注册的公司，有的是非营利性的在民政部门登记注册的社会组织。不同的机构有不同的职责和上级管理的规定。有些规定可能有助于心理咨询专业服务的开展，有些规定反而有可能与心理咨询服务的专业要求存在冲突。伦理守则条款 4.2 要求心理师在开展专业服务时，要按照临床心理咨询服务的规范提供服务，同时需要认识并遵守执业场所、机构、行业的要求。当个人工作与服务场所的要求有冲突时，心理师有责任去协调和处理两者之间的矛盾，并保证执业的规范性。简单地以机构和行业要求作为理由而违反伦理守则是不合适的；简单地以违反专业规范作为理由而不遵守机构、行业规定也是不合适的。

二、规范的专业教育和继续教育,是专业胜任力的保证

1. 专业胜任力的评价标准

一般而言,学历和职业资格证书可以在一定程度上体现专业胜任力;但我们也不能仅凭学历、证书、名誉,甚至个人成就去推断心理健康服务人员的专业胜任力。咨询师需要对自己的服务持续地进行自我监控。花钱购买华而不实的证书,是严重违反伦理的做法之一,不仅无法保障来访者的利益,更严重损害着心理咨询行业的健康发展。

自2007年成立的中国心理学会临床与咨询专业人员与专业机构注册系统所开展的心理师注册工作,已成为有影响的专业资质标准之一。此外,2018年,中国心理学会临床与咨询心理学专业委员会成立了学历教育联盟,针对我国目前临床与咨询心理学教学中存在的差异过大等问题,在全国应用心理专业研究生教学指导委员会领导下提出了临床与咨询心理学专业硕士培养方案。专业胜任力是该方案的理论基础,该方案突出专业基础教育,涵盖了公共课、专业课、实践环节等具体内容。

2. 保持专业胜任力须持续接受继续教育

有研究已经证实了继续教育对从业者胜任力的积极影响(Vande Creek,Knapp,Brace,1990)。但需要注意,继续教育并不是针对非专业者的学习途径,而是指所有合格的从业者在执业生涯中,需要持续地接受教育。专业人员愿意为提升专业能力而不断努力,本身也是一种专业责任感的表现。

> 4.1 心理师应在专业能力范围内,根据自己所接受的教育、培训和督导的经历和工作经验,为适宜人群提供科学有效的专业服务。

伦理守则第二版特别增加了"参加专业培训"的要求。专业培训应面向专业人员,而不是面向广大心理学爱好者,在人员的数量和要求上有相应的控制和筛选;也应该有与课程相关的实践和训练的环节,最好能有专业督导,以及持续性的学习安排。

心理师在执业历程中接受专业督导是非常重要的继续教育内容。专业督导是指在同一专业领域内，由获得专业认可的资深专业人员，对刚进入专业内的新手、实习生或低级别的人员以及其他有需要的专业人员所提供的工作教导、监督和评价等(郑宁，2014)。与聚焦于来访者工作的案例讨论不同，督导是通过案例来考察和促进被督导心理师的专业能力，也需要建立在特定时间和特定关系的基础上。督导有助于心理师发现自己在专业工作中的盲点和短板，提升专业胜任力，负起保障来访者福祉的负责。

> 4.3 心理师应关注保持自身专业胜任力，充分认识继续教育的意义，参加专业培训，了解专业工作领域的新知识及新进展，必要时寻求专业督导。缺乏专业督导时，应尽量寻求同行的专业帮助。

三、心理师的自我觉察和自我保健与专业胜任力直接相关

作为专业助人者的心理师是职业倦怠高发群体之一。心理咨询工作需要咨访双方全然投入，工作投入以及长期接触有心理困扰的来访者，易使心理师出现职业倦怠，从而影响专业胜任力。敏锐的自我状态的觉察，积极的自我保健的意识，是专业胜任力的保障。Guy 及其同事(1989)给出了一些有效的改善途径：继续教育、个别治疗、定期接受督导、同行互动等。

心理师应重视自我保健，并积极采取有效的策略，预防心理问题的发生。当心理师觉察到个人的自我调节已经无法奏效，就需要进一步准确评估自己的身心健康问题对专业工作的影响。或者当来访者、同行发现并指出心理师的个人身心问题已经有可能对工作带来影响时，心理师必须采取积极的行动。

心理师可以寻求督导或者信任的同行，评估问题的严重性。如果评估结果是有一定影响，心理师可以在上级督导或者同行督导下继续工作，并持续关注自己的专业胜任力；如果评估结果发现已经对专业工作产生较大的影响，心理师就应该接受个体咨询或医治身体疾病，同时暂时限制、中断或终止临床专业服务，直到康复为止。

> 4.4 心理师应关注自我保健,警惕因自己身心健康问题伤害服务对象的可能性,必要时寻求督导或其他专业人员的帮助,或者限制、中断、终止临床专业服务。

四、心理师必须承担起专业赋予的社会责任

伦理守则在"专业责任"方面,有倡导性的"应该"的职责,也有禁止性的"不得做"的行为。"专业胜任力和专业责任"一章在"专业责任"中两次提到了"不得做"的行为。

专业责任既有对心理师个人的要求,也涉及同行的行为,要做到"不得贬低其他专业人员"。在美国心理咨询学会伦理守则中,也特别强调"在公共场合做个人陈述时,咨询师要声明其所陈述的内容为个人观点,而不代表所有的咨询师或整个咨询行业的立场"(ACA,2014)。由于人类行为的复杂性,无论在心理学学科中,还是临床心理学中,已有的任何一个研究,并不能支撑起对人类行为的真理性的解释。因此,心理师应注意,对同一问题存在着不同的理论解释和不同的行为实践。在其他学科中也是如此。

在任何场合下,实事求是地说明自己的专业身份、资历等,也是心理师应遵循的伦理规范,同时也是社会责任的体现。心理师不仅自己要明确和遵守伦理守则,也要明确告知宣传方应遵守此规定。当发现有宣传不实的情况时,要及时进行更正。

> 4.5 心理师在工作中介绍和宣传自己时,应实事求是地说明专业资历、学历、学位、专业资格证书、专业工作等。心理师不得贬低其他专业人员,不得以虚假、误导、欺瞒的方式宣传自己或所在机构、部门。

虽然心理师的专业能力越强,通常意味着会有更高的收入;但这句话反过来并不成立,也就是说,心理师收入越高并不意味着专业能力越强。无论专业能力有多强,从专业伦理角度,心理师都应积极承担社会责任,贡献社会。伦理守则第二版新增条款4.6。美国心理学会在其伦理守则的"一般原则"原则B的"诚信和责任"条目的解释中,也要求"心理学工作者要准备好在没有或报酬很少的情况下贡献自己的时间"(APA,2002)。

> 4.6 心理师应承担必要的社会责任,鼓励心理师为社会提供部分专业工作时间做低经济回报、公益性质的专业服务。

第三节 典型案例分析

专业胜任力是专业组织内部对自身的伦理要求,也是咨询师个人对自己工作的伦理要求。对个人胜任力的持续觉察,是咨询师专业责任心的表现。反过来也可以说,一个心理咨询师越是具有专业责任感,就越会重视个人胜任力的议题。一个专业组织也是如此,越是重视专业伦理的组织,就越会对专业胜任力高度重视;反之亦然,不重视专业胜任力的组织,肯定也不会对专业伦理给予足够重视。

在具体的专业实践中,专业胜任力议题普遍存在,但其不像隐私权与保密性等伦理议题那么清晰,往往表现得更为隐蔽、持久和复杂。

 案例1 与法律相关的胜任力议题[*]

2018年暑假,某县城一名16岁初二男生小赵,强行与一名17岁高一女生小花发生性关系,并使小花感染了传染性疾病。7月24日,该县人民检察院批准逮捕小赵。

检察官了解了小赵的家庭情况后,对其进行心理疏导,帮助其认识到自己的错误,同时邀请有专业资质证书的心理咨询师小李,对小花进行专业的心理帮扶,有效处理了她的PTSD(创伤后应激障碍)症状。小赵的母亲一直希望能够向小花及其家庭道歉并给予赔偿。小花的父母看到小花走出阴影后缓和了态度。

---

[*] 引自腾讯新闻网,2018年9月22日的一则报道。

双方进行和解，并自愿签订了和解协议书。

当年 9 月份开学后，小花班主任反应，小花状态平稳，成绩稳定。

请思考以下几个问题

1. 在涉及诉讼的未成年人司法工作中，积极引入心理疏导、心理帮扶、心理咨询和治疗等理念和方法，是一件值得肯定的事情。即使可能有一些专业瑕疵，也必须在坚持和积累的基础上，逐渐发展和规范。那么，当前此类做法应该大力推广吗？

2. 在服务诉讼青少年案主时，如果一名心理咨询师没有足够的法律知识和社会知识，仅仅用临床心理咨询的手段，会有怎样的风险？

3. 在这个事件的处理过程中，双方父母都扮演了非常重要的角色。这是基于双方都还是未成年人的考虑呢，还是基于对中国文化中家庭关系的考虑，还是因我国的独生子女政策所带来的社会影响的特别考虑？

4. 小花是否仅有创伤后的反应，而没有达到创伤后应激障碍的诊断标准？如果有的话，对小花的干预仅仅不到 2 个月，是否足够？是否需要后续的追踪和跟进？

分析与讨论

在此案例中，首先要关注相关的法律问题。伦理守则中也指出："心理师要遵守法律法规和伦理规范(中国心理学会，2018a)。"

《中华人民共和国刑法》规定：已满十六周岁的人犯罪，应当负刑事责任。已满十四周岁不满十六周岁的人，犯故意杀人、故意伤害致人重伤或者死亡、强奸、抢劫、贩卖毒品、放火、爆炸、投放危险物质罪的，应当负刑事责任。此案中犯罪嫌疑人涉刑事责任。根据《中华人民共和国刑事诉讼法》第二百八十八条所规定的和解协议的适用范围，本案中和解的处理方式是否合法？咨询师如果在介入与司法相关的案例时，需要具备一定的法律相关知识，或者努力学习并了解法律相关知识，并能够意识到法律给心理咨询工作带来的伦理议题和专业问题。

就本案例中的心理咨询来说，检察官的心理疏导工作，应该不属于专业心理咨询范畴。但即使是检察官的邀请，心理咨询师也是因为有专业资质证书而被当作心理咨询专业人士介入工作的，本案例中使用了心理帮扶这一词汇，是否意味着咨询师所做的工作不属于心理咨询？如果是心理咨询工作，心理咨询师应向小花及其父母，清楚地介绍自己的工作背景及目标，建立正式的咨询关系。

此案例从胜任力角度，要注意的伦理要点包括以下几个方面。一个是咨询师的职业界限：咨询师是否具备为涉及诉讼的群体工作的胜任力？是否具备与未成年人工作的胜任力？是否具备对性创伤来访者服务的胜任力？另一个是界限的灵活性问题，即咨询师所在城市是否属于职业界限可以更为灵活的专业资源严重不足的地区？从继续教育角度来看，咨询师是否可以有意识地寻求专业督导和同行支持？从专业知识和技能角度看，咨询师自己是如何确定和小花的关系和目标的？咨询师是否有明确的专业工作设置？咨询师的工作过程和记录又是怎样的？咨询师是否意识到自己服务中所涵盖的法律风险和伦理风险，并求助于相关专业人士？

就小花本身的问题来看，青春期遭受性创伤是会对其带来长期影响的事件；并且这个案件作为一个刑事案件并没有完成法律程序，可能后续会出现新的变化。因此小花可能在比较长的一段时间内，都需要专业心理咨询的帮助；而不是不到 2 个月的时间就结束了咨询工作。这些都是从专业胜任力角度需要注意的问题。我们还希望看到，虽然从胜任力议题上确实有很多冲突，但与以往对受害者无任何心理疏导、心理帮扶相比，心理咨询师的工作对小花的成长来说，一定是具有积极性的作用的。如前所述：胜任力不是阻碍我们的专业实践，而是提醒咨询师在新的专业实践中应保持应有的审慎。

 案例 2　与咨询师个人专业能力相关的胜任力议题

一名 44 岁的女性咨询师，市场营销专业本科毕业，在一家公司从事比较轻松的行政工作。6 年前通过自学考取了心理咨询师二级证书。之后一直坚持业余时间在某大学心理咨询中心做兼职咨询师，期间参加过高校举办的、网络上的，以及外地的各种心理咨询工作坊，所兼职的某大学咨询中心也有不定期的案例讨论。

该咨询师在近一年中，持续给一位因恋爱失败的 25 岁女性进行心理咨询。这位来访者已经工作，因恋爱失败而请长假在家，无法继续工作，表现为时而哭泣，时而大怒发脾气。咨询师认为该来访者的问题是广泛性的焦虑障碍。咨询中咨询师感觉到来访者的父母对来访者的问题有很大影响，因此有时候和来访者单独见面，有时候会邀请父母一同前来咨询。咨询过程也不局限于某个理论流派，咨询师认为有益于来访者的方法都可以用。咨询师认为，即使是父母参与咨询，目的也是为了来访者的改变，并不处理家庭关系议题。为此，曾和咨询中心的同行对此进行讨论，不知道这样做是否合适。同行向她建议，只要是有益于来访者的改变，就是来访者利益最大化，就是善行，因此她不需要为此特别担心。有了这样的讨论，咨询师就决定持续以这样的见面方式和咨询方式进行工作。

请思考以下几个问题

1. 在现有情况下，咨询师最应该做的事情是什么？
2. 已经拥有心理咨询师二级证书的咨询师，该如何成为一个具有胜任力的咨询师？
3. 该咨询师对自己的工作理论取向的个人解释，可能是怎样的？
4. 你是否同意咨询师采取上述方式所做的咨询工作，理由是什么？

分析与讨论

此案例很典型。咨询师在拿到心理咨询师二级证书后，一方面利用业余时间坚持临床实践，另一方面不断地接受各种培训进行学习。在专业实践中有困惑，也有进步。

在本案例中，专业胜任力的问题是较为突出的。涉及的与之相关的伦理议题可能有：第一，咨询师需要随时考虑到工作中的法律问题。当评估来访者可能达到某种障碍的诊断时，按照《中华人民共和国精神卫生法》的相关规定，咨询师就应该要求来访者到医院接受诊断，并在临床诊断的基础上，确定工作关系、方式和工作目标。来访者可以同意或者不同意去医院做诊断和治疗，但咨询师必须明确提出要求，并确认其是否已经到医院相关科室见过精神科医生,在可能的情况下,在医生建议或其服药的同时进行咨询工作。第二,专业胜任力要求有"系统的知识+督导下的实践+审慎态度",该咨询师随意采用自己可能只是"知道"但并不是"系统掌握"的理论和方法,似乎是在来访者身上做各种技能实验,而看不到咨询师对来访者的个案概念化和工作方案的思路。第三,咨询师虽然在不断学习,但缺少系统的专业督导下的实践,虽然与同行有沟通,但同行与咨询师并非督导关系,督导工作并不系统,同时也不负有督导责任,咨询师自己要清楚继续工作可能产生的风险。第四,咨询师目前的困扰,可能已经超出其个人的胜任力界限,对此个案,需要有转介的处理意识。第五,胜任力也需要咨询师愿意投入更多的情感和实践,跟踪来访者的改变。咨询师虽然采用了这么多方法,来访者的具体变化是怎样的,如何评估这些变化与服务的关系?咨询师没有做,可能也没有能力进行持续的评估。

小 结

专业胜任力和专业责任是国内外所有致力于人类心理健康的专业组织共同认可的专业伦理议题。目前,在我国临床与咨询心理学专业学历教育严重不足、从业人员资质参差不齐的情况下,专业胜任力和专业责任议题,显得尤为重要。

专业胜任力是专业知识、专业技能、严谨审慎的敬业态度的整合,同时也包含了法律与伦理、诊断评估、多元文化、科学研究等多项核心能力。临床与咨询心理学的非学历教育,往往更关注知识和技能,对伦理和科学研究的教育不足,从而导致了胜任力的问题。

能力的形成是一个过程,胜任力也是如此。无论是基础性胜任力还是功能性胜任力,都需要通过知识和技能的真正应用过程来积累。同时,维持胜任力,也必须不断地接受继续教育和寻求专业督导。

对专业胜任力的要求不仅仅是专业人员肩负的对来访者的责任,也不仅仅是其对心理咨询专业的责任,更是其对社会的责任。专业胜任力很难用一个外在的考核或证书作为评价标准,而是要依赖于专业人员对自己不断的审视和判断,这种态度本身就是一种胜任力的表现。从对待胜任力的态度看,最危险的也许是那些从来没有怀疑过自己胜任力的专业人员。

思 考 题

1. 是什么让临床心理工作者感觉到应尽可能地做到"无所不能",才有可能给来访者带来最大的改变?

2. 《中国心理学会临床与咨询心理学专业机构和专业人员注册标准》一直存在争论:有人认为标准太高,不符合国情;有人认为必须坚持这个标准,因为这才能保护来访者的利益和专业的发展。你的观点是什么?

3. 你认为目前在我国心理咨询和治疗工作中,有关胜任力的难题有哪些?

4. 心理咨询师怎样才能保持其服务的专业性,如何不断提高自己的专业胜任力?

5. 当你感觉到自己处于压力之下,你会采取寻求他人帮助的方式来处理自己的压力吗?请仔细思考你的答案和给出的理由。

6. 一项针对心理咨询学员的调查结果显示,双重/多重关系、保密例外、专业胜任力在学员的职业经历中是排名最靠前的三类伦理议题。你对专业胜任力进入伦理议题前三名有什么看法?

参 考 文 献

江光荣,夏勉,2005. 美国心理咨询的资格认证制度. 中国临床心理学杂志,13(1):114-117.

王铭,江光荣,闫玉朋,等,2015. 我国心理咨询师与治疗师职业资格认证办法.中国心理卫生杂志,(7): 503-509.

维尔福,2010. 心理咨询与治疗伦理:第3版. 侯志瑾,李文希,珠玛,等译. 北京:世界图书出版公司北京公司.

赵静波,季建林,程文虹,等,2009. 心理咨询和治疗师的专业能力和情感能力的多中心调查. 中国心理卫生杂志,(4): 229-233.

郑宁,2014. 个案工作实务. 北京:高等教育出版社.

中国心理学会,2018a. 中国心理学会临床与咨询心理学工作伦理守则:第2版. 心理学报，50(11): 1314-1322.

中国心理学会，2018b. 中国心理学会临床与咨询心理学专业机构和专业人员注册标准：第2版. 心理学报，50(11): 1303-1313.

American Counseling Association，2014. Codes of ethics and standards of practice. Alexandria，VA: ACA.

American Psychological Association，2002. Ethical principles of psychologists and code of conduct. American Psychologist，57(12): 1060-1075.

GUY J D，POELSTRA P L，STARK M J，1989. Personal distress and therapeutic effectiveness: national survey of psychologists practicing psychotherapy. Professional Psychology: Research and Practice，20(1): 48-50.

JENSEN R E，1979. Competent professional service in psychology: the real issue behind continuing education. Professional Psychology: Research and Practice，10(3): 381-389.

MCCLELLAND D C，1973. Testing for competence rather than for "intelligence". American Psychologist，28(1): 1-14.

NEUFDLD V R，NORMAN G R，1986. Assessing clinical competence. Canadian Journal of Public Health，77(5): 375-376.

OVERHOLSER J C，FINE M A，1990. Defining the boundaries of professional competence: managing subtle cases of clinical incompetence. Professional Psychology: Research and Practice，21(6): 462-469.

RODOLFA E，BENT R，EISMAN E，et al.，2005. A cube model for competency development: implications for psychology educators and regulators. Professional Psychology: Research and Practice，36(4): 347-354.

VANDE CREEK L，KNAPP S，BRACE K，1990. Mandatory continuing education for licensed psychologists: its rationale and current implementation. Professional Psychology: Research and Practice，21(2): 135-140.

6

心理测量与评估

第一节 理解心理测量与评估

提到心理测量(psychological assessment)，绝大多数人(或许包括专业人员在内)最先想到的是各式各样的心理测验(psychological testing)。不过，心理测量并不简单地等同于心理测验。Cohen 和其同事(2013)曾给心理测量下过一个定义：心理测量是出于某个心理评估的目的来收集和整合心理学相关的数据，从而解决特定问题，或做出特定决策。就上述任务而言，完成任务的手段也不仅限于心理测验，还包括诸如访谈、案例研究、行为观察，以及使用经过特殊设计的仪器和测量程序来收集行为和内在心理过程的数据。

对于大众而言，各类名目繁多的心理测验或许是他们首次接触心理学的途径。在心理学发展的历史上，诸如斯坦福-比奈智力测验、明尼苏达多项人格问卷等这类心理测验的研发和推广，对于心理学整体的发展来说有极大的推动作用(金瑜，2005)。如今，心理测量广泛用于对个体和团体的评估、筛选、安置、训练、干预等工作，并对教育、医疗、商业、司法等众多领域产生了深远的影响，成了运用心理学知识和技能来改变和提升人类福祉的一个典范(Cohen，Swerdlik，Sturman，2013)。

一方面，随着心理测量领域越来越受到公众的欢迎和认可，越来越多的个人和组织开始使用心理测量来辅助其做出决策。另一方面，心理测量的潜在滥用也成为一个越发明显的问题。尤其是在互联网极为发达的今天，在搜索引擎中输入几个关键词,从"抑郁问卷""智商测验"到"大五人格问卷",都能搜索出相关词条甚至相当完整的测验条目和计分规则,使得不具备任何专业背景的普通人也能依样画葫芦般地完成心理测验和获得结果,然后按照自己的理解对结果加以解释,甚至给自己做出心理障碍诊断。在我国的大众媒体,甚至是某些心理学专业平台上,也常常将"某某心理测验"作为一个吸引客户的有力手段来使用,或是自行开发,或是直接翻译、拼接某些国外的测量工具,而将心理测验的测量结果用来推销特定的心理服务产品也不罕见。上述这些现象都不同程度地暴露出心理测量在国内被滥用的状况,而令人更为担忧的是,似乎不在少数的专业人员都不认为这些行为有违反伦理的风险。

本章旨在解读伦理守则(中国心理学会,2018a)中有关心理测量与评估的伦理条款部分。在解读具体伦理条款之前,需要指出的是,专业人员首先应该在心理测量与评估领域中接受足够的专业教育。诸如如何判定某个心理测量工具是否可信,是否可靠?如何根据测量目标来选择特定的心理测量工具?如何实施测量和评估过程从而让特定的接受服务的个体或群体获益,或至少免于伤害?如何开发可靠有效的工具,以及如何维护测量工具的可靠和有效性?这些基本问题的回答都不在本章所讲范围之内。但如果一位专业人员未曾系统学习过有关心理测量与评估的知识和技能,那他在从事涉及心理测量与评估的专业活动时,其专业行为恐怕很难符合本章所解读的伦理条款的规定,继而影响其整体的专业胜任力。

如何判断自己在心理测量与评估方面是否具有足够的专业知识和技能呢?本章后文在解读具体条款时,会更为具体地提出一些评判标准。在这里需要澄清的是,尽管在我国心理学专业的学历教育中基本都会将"心理测量"列入本科专业必修课程,但对于临床与咨询领域的专业人员而言,仅修读这一门课程是远远不够的。临床与心理咨询领域的心理测量在其目标、实施方式和服务对象上都具有一定的特殊性(甚至在称谓上也会有所差异,例如更倾向于使用"心理评估"一词,而非"心理测验"或"心理测量"),对专业人员在心理测量方面的胜任力要求实则更高。以林登和休伊特(2013)为例,他们指出,临床与咨询心理学领域的心理评估往往超出了仅凭心理测验分数做出决策的范畴,而是会使用多种方法，比如测验、访谈、个案研究、行为观察、专门器材等。以此获得信息从而达成两大目的：一是理解个体、伴侣、家庭或其他群体的心理问题；二是理解各类治疗方法所涉及的普遍议题或规律。临床评估的具体内容可包括心理诊断、个案概念化、评估预后与治疗结果、提出治疗建议、规定治疗情境，以及同转诊治疗师和患者进行交流等。

学习了心理测量领域的专业课程，是否代表专业人员的态度和行为就一定符合该领域的伦理要求呢？从以往的一些研究来看，专业课程学习的确是有帮助的，但还不足以能够保证专业人员在心理测量与评估领域的伦理态度和行为上都符合专业伦理准则。例如，毕增重等人(2014)做了一项有关心理学本科生在心理测验使用伦理上的认知状况调查，该研究采用由研究者编写的、含44个条目的问卷，调查了我国四所高校397位心理学专业的本科生，其中126人已学过心理测验相关课程，188人正在学习，83人未学习。从问卷的结果来看，伦理条目的平均正确率62.6%(11.1%～93.2%)，正确率超过75%和低于40%的条目分别为15个和4个。卡方检验发现，27个条目上出现了学习效应，即学过和正在学习课程的同学相比未学习过的同学表现出了更为正确的伦理意识。张琪等人(2017)最近的一项研究则考察了专业伦理课程的学习是否能有助于临床与咨询心理学方向的研究生在心理测量的伦理认识和态度有更好的表现。这项研究的对象为76名高校临床与心理咨询方向的研究生，除使用毕增重等人(2014)使用的认知状况调查问卷外，还增加了心理测验情境判断问卷和心理测验态度调查问卷。研究发现，学过或正在学习伦理课程的研究生(31人)在认知调查问卷上的平均正确率为76.5%，未学过伦理课程的学生(45人)平均正确率为73.9%；在"受测者可能自杀时打破保密原则""在评价结果中提供有关测量的背景信息""用心理测验的结果帮助企业做裁员的决策"这3个条目的正确率上，学习组高于未学习组，在其他条目上无显著差异；在其他两个问卷的正确率和得分上，两组并无显著差异。研究者认为，上述结果仍能体现出伦理的学习"对心理测量伦理知识的掌握有一定助益和必要"。不过，上述两个研究的结果也表明，无论是心理测量类课程的学习，还是专业伦理课程的学习，都不能保证专业人员的态度和行为在有正确答案的、可量化的问卷测量中有完美表现，就更不用说在复杂的、可能涉及多方利益冲突的真实生活情境中了。本章的写作目的并非是向各位读者提供完整的知识和技能教育，也非提供标准的伦理决策方案，而是希望读者能够借机回顾一些关键的知识与技能要点，审视自身的伦理态度和行为，在此基础上提高对心理测量与评估领域中潜在伦理困境与冲突的意识，并能在遇到这类冲突和困境时，积极调用各种资源，努力做出足够好的伦理决策。

第二节 心理测量与评估一章伦理条款及其解读

在第二版伦理守则中，心理测量与评估是其中的第五部分。该部分除引言外，一共包含了六条相关要求。与第一版伦理守则(中国心理学会，2007)相比，尽管在条款数量上是一致的，但在具体内容上有以下三处主要改动：第一，强调了心理测量和评估能力是临床工作者应具备的专业胜任力之一。第二版引言新增的第一句话便指出，"心理测量和评估是心理咨询和治疗工作中的组成部分"。第二，对于第一版六个条款的具体内容进行了一定的拆分和重组，但总体结构和主题基本不变，仍包括了心理测量和评估实施中总体的善行原则(条款5.1)、实施测量和评估工作的心理师应具备的特定专业胜任力和专业责任(条款5.2、条款5.3和条款5.6)，以及寻求专业服务者在接受心理测量与评估过程中的权利(条款5.4和条款5.5)这三大主题。第三，删去了第一版中第六个条款有关工具编制和标准化过程中心理师应具备的专业胜任力和专业责任的内容。

除第五部分外，第二版伦理守则的其他部分中明确涉及心理测量与评估的条款内容还包括：第二章"知情同意"中的条款2.2、第三章"隐私权和保密性"中的条款3.4等。此外，鉴于心理测量和评估是心理学研究中必不可少的一部分，因此第七章"研究和发表"中的所有内容也涉及了心理测量和评估中的伦理行为。故除本节所做的伦理条款解读外，读者还可以阅读上述所涉及条款的解读，从而更全面地把握有关心理测量与评估领域的伦理行为要点和决策思路。

本节接下来的内容将按照"善行原则""特定专业胜任力和专业责任""寻求专业服务者的权利"这三大主题对相关条款进行解读。

1. 心理测量与评估领域中的善行原则

伦理守则总则中对善行原则的描述，包含了两个方面的原则，一是致力于让寻求专业服务者获益，二是努力避免给寻求专业服务者造成伤害。条款 5.1 也对应了这两层意思，即促进福祉和避免滥用。

> 5.1 心理测量与评估旨在促进寻求专业服务者的福祉，其使用不应超越服务目的和适用范围。心理师不得滥用心理测量或评估。

将包含"善行"原则的条款放在本领域的第一条是在提醒所有的专业工作者，自己的专业行为不可避免地会对寻求专业服务者造成影响。心理测量与评估容易被滥用的可能原因之一，是专业人员或寻求专业服务者都简单地认为测量和评估本身是"中立的"，或是测量和评估可以独立地发生在某种类似"真空"的条件下，只要测量和评估完之后不采取什么行动，就不会造成任何影响。这种"测一测，不留下任何痕迹"的想法即便不说是危险的，也至少是轻率的。心理测量与评估的基础是对人的行为与心理过程进行观察和测量，而观测者效应已经清楚地告诉我们，观测者的存在和被观测的这一事实本身必然会影响被观测的对象，哪怕观测者和被观测者是同一人(即所谓的自我观察或自我报告)。

更何况临床与心理咨询领域的心理测量与评估总是和某种"干预"[*]决策有关。只要进行干预活动，就一定会对寻求专业服务者造成影响。哪怕在做完测量和评估后，专业人员最终决定不做任何的干预，测量和评估本身也会影响到寻求专业服务者。因此在实施任何测量与评估之前，专业人员都需要对测量与评估的目的、手段、所需专业能力以及可能的后果加以审视。尤其是在并不确定自己是否有实施某种测量与评估的专业能力时，一种符合伦理的做法是不提供这一专业服务，或将寻求专业服务者转介给某个具备此方面专业胜任力的人员。

---

[*] 在此使用广义上的"干预"一词，不仅包含治疗或矫正、教育或咨询，也包含为了预防目的和为个体/团体赋能所做的专业工作。

心理测量与评估容易被滥用的第二个可能原因是它被人们赋予能够甄别有意义的"个体差异"和"预测未来"的效用,而普通大众甚至有些专业人员往往会高估特定的心理测量与评估结果在区分与预测上的效用。学过心理测量相关课程的读者肯定知晓测量总是会有误差,以及心理测量中对精度的要求远比工程技术的测量要求要低的事实;肯定对信度、效度、鉴别力、常模等这些术语不陌生;想必也知晓开发者需要花费极大努力才能使某种测量与评估工具达到足够令人满意(且远非完美)的测量学指标,并采集完成有着时间和样本限制的常模(金瑜,2005)。当专业人员、寻求专业服务者或第三方打算将特定测量和评估的结果作为某种决策参考时,这种决策对个人或团体的利益或福祉影响越大,对特定测量和评估工具或方案的精度要求就越高,而潜在的伦理风险也越大。

那么,在"决策"和"精度"之间有无参考标准呢?这里仅提供一则有关信度的标准供大家参考。格雷戈里(2005)表示,心理测量界内有许多专业人员认为,如果是针对特定个体做出决策,那么这个测量工具的信度至少要达到 0.9 以上,否则就难以精准地描述在某些特征上的个体差异。但他也表示,在日常实践中,上述标准恐怕有点过于理想化,因此又引用了一个更为"宽松"的指导原则,即在做个体决策时,有些信度只有 0.7 左右的标准化测验也可能是有用的;而如果信度比这个还低,则可以考虑用于研究。最后,他还补了一句,特定工具的信度多高可以被接受,最终仍取决于施测者在多大程度上能够忍受这个工具的测量误差。

读者可能还会好奇,一般标准化的测量工具信度有多高呢?对于公开发表或发售的测量工具而言,都能从研究论文或使用说明中找到有关工具信度的相关信息。因此,如果你怎么都找不到这类信息,很可能意味着这一工具并不可靠,或者它属于必须购买版权才可以使用的工具。那么,一种符合伦理(以及尊重知识产权)的做法就是放弃使用,或通过正规途径购买。在此处仅给大家举几个在临床与咨询领域常用的心理测量工具的例子:英文版韦氏成人智力测验第三版(WAIS-III)整体量表分半信度为 0.98,重测信度为 0.96(格雷戈里,2005)。明尼苏达多相人格调查表第二版(MMPI2)中文修订版中基础量表的内部一致性信度系数在 0.34~0.87 之间,附加量表的内部一致性信度系数在 0.34~0.91 之间，内容量表的内部一致性信度系数在0.68~0.86之间(张建新等，1992)。贝克抑郁量表第二版(BDI-Ⅱ)在中国复发性抑郁症患者样本中的内部一致性信度系数为0.94，一周后重测系数为0.55(王振等，2011)；在中国大学一年级学生样本中的内部一致性信度系数为0.85，一周后重测信度0.73(杨文辉，吴多进，彭芳，2012)。不同的临床结构性访谈的信度差异很大，若采用评分者一致性信度评估的话，信度系数一般不会超过0.8(艾肯，格罗思-马纳特，2011)。

当然，的确存在一些专业人员在明知某种工具或方案具有局限性，仍在利益的驱使下超越该工具的适用范围实施测量，这无疑是利用了大众对心理测量和评估的期待与信任来谋取私利(例如为自己或自己所在机构获取更多经济利益)，这类举动显然是违背条款5.1的。但更多的时候，专业人员并非是出于为自己谋利而陷入"善行"的伦理困境之中。在本章的第三节中，案例1将反映这一伦理困境。

2. 专业人员应具备的特定的专业胜任力和专业责任

在该主题下主要包含三个条款，分别涉及专业人员实施特定心理测量与评估的资质问题(条款5.2)，选择合适的测量与评估工具的问题(条款5.3)，以及专业人员维护测量与评估工具有效性的问题(条款5.6)。

> 5.2 心理师应在接受相关培训并具备适当专业知识和技能后，实施相关测量或评估工作。

就像一名外科医生不可能具备操作所有影像学设备的能力，一名临床与咨询心理学专业人员也不可能完全掌握所有的心理测量和评估工具。条款5.2指出，专业人员在实施特定测量或评估工作之前，应接受相关培训并具备适当的专业知识和技能。那么如何确定自己是否具备足够的知识技能从而能够有效地使用特定的心理测量和评估工具呢？或许我们可以先参考一下美国心理学会的标准。在20世纪50年代，美国心理学会的心理学伦理标准委员会在一份有关心理测量和诊断的专项报告中曾提出了一个关于施测者所需能力和技能的标准。该标准按照测量工具所需知识和技能的高低程度，将对施测者的要求分为三个等级(见 Cohen,Swerdlik,Sturman,2013)。

表6.1 美国心理学会对施测者所需相关知识和技能的三级标准*

等级	知识和技能描述	工具举例
A	施测者在测量工具的操作手册的指导下即能进行施测、计分、解释	成就测验、熟练程度测验
B	施测者需要掌握一定的心理测量技术层面的知识,例如测验的编制和使用;以及其他心理学和教育学领域的辅助知识,例如有关统计学、个体差异、心理适应、人事心理学和心理辅导等领域的知识	能力倾向测验、针对一般人群的适应问卷
C	施测者不仅需要充分掌握心理测量和特定心理学领域的辅助知识,且在使用特定心理测量工具时需接受一定的督导	投射测验、针对个体施测的心理测验

* 引自 Cohen,Swerdlik,Sturman,2013。

若按照上述标准,等级 A 的成就测验和熟练程度测验基本属于教育和学校心理学范畴;而伦理守则涉及的临床与咨询心理学领域中使用的心理测量工具至少都在等级 B 及以上,即要求施测者至少具有基本的心理测量学知识,以及与特定测量工具有关的心理学领域的相关辅助知识。对于完成了心理学本科及以上学历教育的专业人员而言,如果修读的课程中包括心理测量类课程,就具备了达到等级 B 要求的基础。实际上,在《中国心理学会临床与咨询心理学专业机构和专业人员注册标准(第二版)》(中国心理学会,2018b)中有关临床与咨询心理学专业本科培养方案、硕士培养方案和博士培养方案的注册登记标准中包含了不同难度水平的心理测量、心理统计、心理评估与诊断等相应课程的要求。若按照上述培养方案的标准,则从受到上述认证的培养方案中毕业的专业人员在理论上已具备了等级 B 类以上的职业能力和技能。对于并未完成心理学本科及以上学历教育的专业人员而言,鉴于心理测量与评估是临床与咨询心理学执业中必不可缺的部分，建议应考虑额外修读心理测量和心理统计相关的综合类课程。

另一方面，即便专业人员接受过学历教育项目或非学历继续教育项目中相关课程的培训，也并不一定有足够的资质使用等级 C 类的工具，尤其是涉及个人施测的、具有特定诊断评估目的的工具，例如韦氏智力测验、罗夏墨迹测验、成人依恋访谈、特定心理障碍的诊断定式访谈、神经心理系统测评等。这些测量工具往往都会由专业协会、科研院所、医疗机构以及其他获得测量工具版权的机构组织专题培训，并对受训者使用工具的能力进行考核评估后颁发专项资质的证书。若未经过上述这类专业培训且获得合格证书，只凭借阅读书籍或工具操作手册就对来访者实施特定的心理测量和评估，也属于违反该伦理条款的行为。

> 5.3 心理师应根据测量目的与对象，采用自己熟悉、已在国内建立并证实信度、效度的测量工具。若无可靠信度、效度数据，需要说明测验结果及解释的说服力和局限性。

条款 5.3 则在工具选择的问题上提出了五大可供参考的原则：符合测量目的、适合施测对象、自己熟悉、经过系统汉化，以及心理测量学指标合格。若按照决策的优先顺序来讲，在选择具体测量工具时，建议读者考虑采取如下的选择顺序，即测量目的和测量对象(这两个标准仍有区别，尽管在临床情境中往往是相关联的)、经过系统汉化、心理测量学指标合格、自己熟悉。

在本领域中，最常见的测量目的是针对一个特定的个体或群体做出某种具有诊断性质的评估。这类评估可能是有针对性地回答一个具体的诊断问题，比如这位来访者是否患有抑郁障碍。也可能是很宽泛的诊断问题，比如这位来访者是否患有某一种或几种心理障碍。一般而言，拟评估或测量的问题越具体，就越容易找到特异性的单一工具或方案；而拟评估或测量的问题越开放、模糊，则越需要专业人员考虑综合性的评估测量工具，或者组合使用多种评估测量工具，这自然会加大评分、解释和最终决策的复杂性和难度。若有可能，在实施具体的测量之前，比较妥善的做法是查询一下是否有已经发表且有相对良好的实证证据的测量方案。例如，针对特定障碍或议题，或针对初始访谈的评估方案往往可以在诊断手册、专业期刊、论述特定障碍或治疗方法的专业书籍中找到。

在真实的临床与咨询情境中，专业人员一般是从一个比较宽泛的评估问题开始，即面前的这位来访者是否具有某个或多个心理社会问题，所使用的评估手段基本是以非结构化的访谈为主，辅以其他测量手段，如心理测验。因此，准确使用心理测量工具的能力在临床实践中往往是专业人员应具有的核心能力之一，与心理病理学知识、访谈技巧、特定治疗流派的理论和技术等有关，而不仅限于心理测量学或特定测量工具的相关知识。心理测量和评估的工作思路和能力贯穿临床实践的始终，而与临床实践相关的其他能力也反过来会影响心理测量与评估的优劣。第二版伦理守则在引言部分新增了"心理测量和评估是心理咨询和治疗工作的组成部分"这句话正是对这一点的深刻认识和强调。

> 5.6 心理师有责任维护心理测验材料(测验手册、测量工具和测验项目等)和其他评估工具的公正、完整和安全，不得以任何形式向非专业人员泄露或提供不应公开的内容。

条款 5.6 强调的是专业人员有责任和义务维护测量与评估工具有效性，而其中一个基本的行为准则就是不向公众公开会影响测量工具有效性的内容。哪些测量工具相关的内容会直接影响测量的有效性呢？计分规则和测验手册应该保密，这一点可能大部分的专业人员都会同意，就好比考试不能给考生提供正确答案一样。容易产生争议的要点在于是否可以向大众提供完整的测验条目或测量项目。一些专业人员认为，反正接受测量评估的人迟早都要看到测验条目或测量项目，为什么不能公开呢？尤其是对于某些旨在促进个体了解自我的测量工具，比如一些人格问卷。还有一些专业人员认为，对于自陈问卷而言，接受测量评估的人本身就可能因为各种原因不诚实作答或不认真作答，或者压根无法回答，因此提前知晓测验条目或测量项目不会显著影响个体的动机或水平。持上述观点的专业人员或许需要重新思考一下"责任"和"公正"的原则。公开测验条目或项目都可能会因破坏测量工具的标准化施测过程而损害整个测量工具的有效性；对于未提前获知的施测者而言，就造成了潜在的不公正；而对于具有特定版权的测量工具而言，上述行为实则属于侵害知识产权的行为。因此，在是否公开、向谁公开、公开什么等问题上，不如反过来提问：为什么要公开？在没有充分和专业的理由，且可能涉及侵害知识产权的情况下，哪怕面向专业人员，也不宜公开任何有关特定测量工具的信息。在本章的第三节中，案例2涉及上述议题。

3. 寻求专业服务者的权利

在上述主题下主要包含两个条款，分别涉及寻求专业服务者的知情同意(条款5.4)，以及寻求专业服务者的隐私权和保密性的问题(条款5.5)。

在第二款伦理守则中，"知情同意"和"隐私权与保密性"分别是第二章和第三章的内容。其重要的伦理原则和如何思考相关的伦理议题在本书的相应章节中已经有了详尽的论述。鉴于本章中这一主题所包含的两个条款是对上述原则应用在心理测量与评估领域中的一个细化，其伦理决策的逻辑和难点也和第二章、第三章所涉及的内容类似，因此在本章这一部分就只列出这两个条款，而不再详细地对此进行解读了。

> 5.4 心理师应尊重寻求专业服务者了解和获得测量与评估结果的权利，在测量或评估后对结果给予准确、客观、对方能理解的解释，避免后者误解。

在这一部分，最后想和读者分享一个议题，供思考，即关于计算机辅助的心理测量(computer-assisted psychological assessment，CAPA)，该词包含了在心理测量领域中所有应用计算机的方式。机械计分仪器涉足心理测量领域最早可追溯到20世纪20年代，而在计算机辅助的心理咨询和治疗(乃至所谓的人工智能治疗)日益普遍的今天，计算机已全面涉足心理测量的所有过程，从施测到计分到给出解释，乃至直接做出临床诊断或辅助临床诊断；而在虚拟现实技术日益成熟的条件下，基于虚拟现实技术的测量手段不仅是纸笔测验或任务测验的计算机化，而是独立成为完全不同的测量方式。基于计算机的心理测量显然有着巨大的优势，比如客观、迅速、低成本；此外，若计算机的计分和解释乃是基于良好的效度证据，那么它所做出诊断的可靠性总体上要优于临床医生(格雷戈里，2005)。

或许正是由于上述优势，在目前我国的各级精神卫生机构中，这样的图景变得越来越普遍：精神科医生给初诊病人开具一叠"心理测验"检查单，病人付钱后进入"心理测验室"，在计算机上完成一系列测验，然后从心理测验师那里拿着一叠由计算机得出的结果单(通常会写着测验得分和测验结果)，再将其交还精神科医生。在这样的情境中，是否有着心理测量与评估被滥用的风险呢？

> 5.5 未经寻求专业服务者授权，心理师不得向非专业人员或机构泄露其测验和评估的内容与结果。

按照格雷戈里(2005)的看法，基于计算机的测量在诊断和预测效度上的优势依赖于一个重要的条件，即计算机测验的计分和解释系统是根据"基于有实证证据的诊断、分类或行为预测而审慎地发展出来的函数"做出的"精算评估"(actuarial assessment)。换句话说，计算机化的测量并不等于精算评估。而除了上述效度问题外，还有一个潜在的风险，即基于计算机的测验很容易把专业人员排除在外，或造成非专业人员也可以胜任心理测量专业工作的印象，从而更容易带来对测量的滥用，包括在条款5.4和5.5中有关知情同意，以及隐私权和保密性的议题。当然，测量的滥用并不能归责于测量的计算机化，最终做出临床决策并承担责任的仍然是人。在章秀明等人(2017)有关医院心理测量师伦理实践现状的访谈研究中，研究者将"无论是否使用计算机辅助心理测量，专业人员仍需要承担伦理责任"的议题展现得十分清晰。研究者访谈了11名在医院工作的心理测量师，发现在医院环境中，心理测量工具的使用和计算机化都比较普遍，但不同医院对心理测量的态度——它到底具有何种价值——则有很大差异。研究者也通过访谈整理出了一些潜在的伦理风险点，包括心理测量师或开具心理测验和使用心理测验结果的医生不具备相应资质，选择测验种类和使用测验结果的标准和依据不明确，测量工具本身的常模老旧，以及纯粹为了创收的目的而给病人施测心理测验等。有兴趣的读者不妨阅读一下这篇文章,除了了解专业伦理的潜在风险和困境外,也能看到特定的机构组织伦理和社会文化伦理如何促进或阻碍了专业伦理的实践。

第三节 典型案例分析

本节将和读者分享两个案例,这两个案例都涉及专业人员在从事心理测量与评估相关的专业工作时会遇到的伦理困境。

 案例1 小学入学测试的难题

黄博士是一位儿童心理咨询师,她所擅长的领域之一是儿童的智力评估。黄博士的好友吕女士是其所在城市一所重点小学的教导主任,每年学校招生都是一件令人头痛的事情。吕女士知道黄博士的专长,于是想邀请黄博士为自己所在学校设计一套入学测试题,希望这套试题能够有效地筛选出智力水平出众的学生。但根据当地教育局的规定,小学入学面试中不能对申请入学的学生使用智力测验,因此吕女士希望黄博士能够想到更巧妙的办法来达成学校的目标,为此再三请求好友帮忙。黄博士考虑了许久,觉得直接给孩子实施测量有可能会伤害孩子,但又觉得难以拒绝好友的请求。她考虑到既然智力具有很强的遗传因素,那么父母的智力水平和孩子的智力水平是存在相关的,于是决定改编一下可用于团体施测的瑞文智力测验,用来测查申请入学的学生家长。

请思考以下几个问题

1. 在上述案例中,黄博士的行为可能影响哪些人的潜在福祉?

2. 你觉得黄博士的行为是否属于对心理测量或评估的滥用?为什么?

3. 如果你是黄博士,面对好友吕女士的邀请,你会做出何种决策?做出上述决策,在伦理上是出于哪些考量?

分析与讨论

上述案例涉及心理测量是否被滥用的伦理议题。在界定测量是否被滥用时,审视测量行为是否在"善行"的范畴内是一个关键点，而善行又包括是否能促进他人福祉，以及是否能避免对他人福祉造成伤害两方面的内容。在黄博士的案例中，首先请读者思考，如果黄博士的方案最终执行，这个方案到底会影响哪些人的福祉？在临床实践中，尽管寻求专业服务者可能是单一的个体，但专业行为本身往往并不只是影响寻求专业服务者的福祉，因而只考虑专业行为是否对于寻求专业服务者本身有益是不够的。在黄博士的案例中，就存在多位受影响的潜在对象，不仅是其好友吕女士(作为直接寻求服务的对象)，还包括接受测试的学生家长，未接受测试的学生本人，学校，教育局，乃至学校所在的整个社区。就像其他专业行为一样，黄博士拿出方案或许对吕女士有利，但并不代表它会促进其他潜在受影响的人的福祉。在所谓伦理困境中，伦理决策的难点往往在于某个特定的决策并不能对所有潜在影响者都有利，而作为决策者的专业人员仍需要审慎考虑，尽量识别自己的决策对所有潜在影响者可能造成的影响，在理想的情况下做出对每一方都有益的决策(当然通常并不容易)；或在更常见的情况下，做出对大多数影响者有益且尽量避免对任何人造成伤害的决策。在该案例中，黄博士的确考虑到直接给拟申请的学生施测可能给学生本人带来伤害，因而想去测量学生家长。那么，给学生家长施测是不是就更安全呢？对家长施测是否有可能会给家长带来潜在的伤害呢？

另一个思考黄博士的行为是否符合专业伦理的关键点在于，黄博士编制的测量方案本身是否可靠有效？是否能达到其测量目标？读者可以发现，这些问题是和心理测量学的基础知识技能有关的。在黄博士的案例中，由于测量的目标和智力与学业成就有关，因而还会涉及智力的概念、智力与学业成就的关系、智力的遗传议题等专业知识。实际上，在涉及滥用心理测量和评估的行为中，根源往往还是在于专业人员没有足够好地掌握与测量目标或对象有关的心理学理论和实证证据。

最后，针对本案例，还想邀请读者思考的是，如果你也像黄博士那样，经不起好友的再三恳求，或在这种状况下感到极其为难,可能的原因是什么？尽管本书是从专业人员的角色出发来解读和讨论专业伦理，但专业人员并非只活在专业之中，我们的生活中并非只有专业伦理在起作用，还有个人伦理、组织伦理、社会文化伦理等。这些不同的伦理原则并不总能协调一致，当这些来自不同系统的伦理原则在同一情境下相互碰撞时，便会造成伦理的困境和冲突(斯佩里，2012)。这一点读者们可能已经深有体会了。那么，在黄博士的案例中，哪些个人伦理或社会文化伦理可能会和专业伦理起冲突？当专业人员的个人伦理，或所在的组织伦理，或所在的文化伦理与专业伦理相冲突时，专业人员应该如何决策？遗憾的是，这类问题并没有一个通用的正确答案。但有一点是可以做的，那就是尝试去辨别：当下的伦理困境中是否存在来自不同系统的伦理原则相互冲突的问题？相互冲突的原则到底来自哪些系统？它们是什么？

案例2　自杀风险评估问卷的使用

小姜是一名心理咨询师，同时还是一家私人心理咨询机构的负责人。在自己所在的机构出了好几起自杀危机个案之后，小姜决定加强对来访者的自杀风险评估。在一次专业会议上，小姜参加了许博士主持的自杀危机评估和干预的工作坊，许博士在工作坊上介绍了国外一个用于评估自杀风险的问卷。小姜对此很感兴趣，在工作坊结束后向许博士询问自己是否可以将这份问卷用于自己所在机构的自杀风险评估工作。许博士告诉小姜，尽管这份问卷他做了中文翻译，但还没有进行信度和效度的检验，并不适合马上使用。小姜表示自己很希望使用这份问卷，并且愿意承担问卷不可靠所带来的风险。许博士觉得既然这份问卷已经公开发表在期刊上，而且小姜愿意承担风险，就将问卷的中文版给了小姜。

请思考以下几个问题

1. 你觉得小姜的行为在伦理上是否存在问题？
2. 你觉得许博士的行为是否也存在一定的伦理问题？
3. 如果你是许博士，面对小姜的要求，你会做出什么决策？你所做出的决策出于何种伦理考量？

分析与讨论

该案例的两个主角都是专业人员，所描述的情境在专业领域中也十分常见，即一位专业人员从另一位专业人员处获得心理测量工具，用于临床实践或科学研究。依照"专业人员应具备的特定的专业胜任力和专业责任"主题下所包含的三个条款，对于这两位主角而言，他们各自的行为分别存在哪些伦理问题呢？读者可以依次对小姜和许博士进行分析。读者也可以参考本书中关于伦理决策的章节，用伦理决策的思路来审视该案例。

此外，请读者思考以下两个问题。第一，对于小姜而言，他想获得问卷的专业意图是善意的，而如果他想提升自己所在机构的自杀风险评估工作的有效性，可以采取哪些方法？在本案例中，他想从许博士那里获得的测验工具并没有进行过系统的本土化，其信度和效度无法得到保障，这一点显然有悖于伦理的要求。那么，如果许博士的问卷已经经过了良好的本土化，小姜是否就能够依靠这一工具来完善自己所在机构的自杀风险评估工作呢？这一问题要比案例中显而易见的工具本土化问题更为复杂。鉴于自杀风险评估和危机干预是临床实践中回避不了的议题，每一位专业人员都需要系统地学习和实践相关的技能，使用信效度良好的自杀评估测验，但测验本身远不能替代系统的训练，还须具备对自杀风险评估的技能。同时，专业人员也需要意识到，自己学到的技能和所使用的评估与治疗工具的局限性。

第二个问题涉及许博士的决策中关于对方"自愿承担风险"的议题。许博士已经告知了使用未经过良好信效度检验的工具可能面临的风险，而小姜表示自己愿意承担风险，那么许博士是否可以基于对方具有愿意承担风险的"自我决定权"而将问卷提供给小姜？专业人员如何判断寻求专业服务者能够充分知晓并且有能力承担风险？在哪些情况下，即便寻求专业服务者表示自己愿意承担风险，作为专业人员仍需要拒绝提供特定服务？在拒绝提供服务的同时，专业人员还可以做些什么？这些问题自然不那么容易回答，也无法在具体的伦理条款中找到答案，但有一点是明确的，即专业人员并不能简单地依据接受服务对象的承诺或保证来做出专业实践决策，而是要权衡其他因素，比如伦理守则中列出的"善行""责任""诚信"等。

小 结

在心理咨询与心理治疗的工作中,心理测量和评估是必不可少的组成部分,贯穿整个临床实践过程;它也是评价临床实践工作的有效性,继而推进整个领域前进的重要工具。每一位专业人员都应接受心理测量与评估领域的系统训练,掌握有关心理测量学的知识,同时也要意识到,心理测量与评估的能力和临床实践的其他核心知识与技能密切相关。专业人员需要意识到,心理测量与评估在历史上一直与权力和利益的议题紧密地绑在一起,因此存在着被滥用的风险。专业人员应该在临床实践中积极采取行动预防和处理这些风险,在面对寻求专业服务者、同行和大众时基于良好的专业判断和伦理要求来开发、传播、使用和评鉴心理测量工具。最后,无论是从保护知识产权的角度,还是从维护心理测量工具有效性的角度来看,专业人员都不应随意透露或泄露心理测量工具(如心理测验)的内容,或将这些工具用于未经授权的学术和商业行为。

思 考 题

1. 当你在心理测量与评估领域遇到问题或产生困惑时,你会寻找哪些资源和帮助来解决这个问题或困惑?

2. 特定心理测量的工具要达到多高的信度是你可以接受的?哪些因素会影响你的决策?

3. 你同意心理测量与评估的工作贯穿临床实践始终这个观点吗?在心理咨询与治疗工作的不同阶段,心理测量与评估工作主要会以哪些形式出现?发挥什么功能?

4. 如果你需要撰写一份给个体来访者的心理测评报告,你认为哪些内容是必要的?

5. 假设你打算考察自己和某位来访者进行心理咨询/心理治疗的效果,你会使用哪种(哪些)心理测量与评估的方法/工具来做疗效评估?你选择上述心理测量与评估的方法/工具的依据和标准是什么?如果你打算使用不止一种心理测量与评估的方法/工具,你会如何考虑不同方法/工具(如主观自评数据和客观行为测量)的权重?

参 考 文 献

艾肯,格罗思-马纳特,2011. 艾肯心理测量与评估：第 12 版. 张厚粲,赵守盈,译. 北京：中国人民大学出版社.

毕重增,刘凯歌,甘怡群,等,2014. 心理学本科生心理测验使用伦理的认知状况调查. 心理学进展,4(3)：1-6.

格雷戈里,2005. 心理测量：历史、概述与应用. 原文影印版. 北京：北京大学出版社.

金瑜,2005. 心理测量.2 版. 上海：华东师范大学出版社.

林登,休伊特,2013. 临床心理学. 王建平,尉玮,王珊珊,等译. 北京：中国人民大学出版社.

斯佩里,2012. 心理咨询的伦理与实践. 侯志瑾,译. 北京：中国人民大学出版社.

王振,苑成梅,黄佳,等,2011. 贝克抑郁量表第 2 版中文版在抑郁症患者中的信效度. 中国心理卫生杂志,25(6)：476-480.

杨文辉,吴多进,彭芳,2012. 贝克抑郁量表第 2 版中文版在大一学生中的试用. 中国临床心理学杂志,20(6)：762-764.

张建新,宋维真,莫文彬,等,1992. 新版明尼苏达多相人格调查表(MMPI-2)及其在中国进行修订工作的介绍. 心理学动态,2：3-13.

张琪,王浩宇,章秀明,等,2017. 高校临床与咨询心理学研究生对心理测量伦理的认知和态度. 中国心理卫生杂志,31(1)：30-34.

章秀明,魏海洋,张琪,等,2017. 11 名医院心理测量师伦理实践现状的访谈. 中国心理卫生杂志,31(1)：52-57.

中国心理学会,2007. 中国心理学会临床与咨询心理学工作伦理守则. 心理学报,39 (5)：947-950.

中国心理学会,2018a. 中国心理学会临床与咨询心理学工作伦理守则：第 2 版. 心理学报,50 (11)：1314-1322.

中国心理学会,2018b. 中国心理学会临床与咨询心理学专业机构和专业人员注册标准：第 2 版. 心理学报,50 (11)：1303-1313.

COHEN R J, SWERDLIK M E, STURMAN E D, 2013. Psychological testing and assessment: an introduction to tests and measurement. 8th eds. New York: McGraw-Hill Companies, Inc.

7

教学、培训和督导

第一节 理解教学、培训和督导中遵守伦理的重要性

在《中国心理学会临床与咨询心理学工作伦理守则(第二版)》中,有关教学、培训与督导的规定有13条,比第一版增加了5条。这是为了让伦理守则的内容更符合当下专业发展的需要。目前业界对督导工作的需求越来越大,但是有胜任力的督导师资源有限。因此伦理守则在相关章节中特别增加了相应条款,例如督导师的工作一定要在具备胜任力的基础之上、督导师不能把自己的理论取向强加给被督导者等,希望通过强调胜任力,来统一和加快督导师的培养。伦理守则没有明确要求从事督导工作的一定要是注册系统注册的督导师,但是从专业胜任力、督导关系及工作过程等不同角度,明确了担任教学、培训或督导工作的咨询师必须承担的有关责任。

追本溯源,因为社会发展的一些特殊原因,我国现代心理咨询与心理治疗的发展,始于20世纪80年代。在此之前,心理学等社会科学受到过两次重创,分别是1952年的大学院系调整,和开始于1966年的"文化大革命"。在那段时间里,心理学和相关学科基本处于发展停滞的状态。2002年,国家劳动人事部关于心理咨询师的职业认定,使国内刚刚起步的现代心理咨询和心理治疗在从业人数上有了突破性的发展,形成一个小高潮。但是,既往多年的专业教育的缺失导致我们没有建立系统性的心理咨询和心理治疗的学历教育体系,从业的咨询师大多是仅经过几百个小时的培训等继续教育的方式的训练,而不是经由正规学历教育训练而后上岗的。在国外,从事心理咨

询和心理治疗行业的专业人员通常须获得硕士以上学位，经过几千个小时培训后，认证上岗。我国专业人员培训的情况与专业胜任力的要求，与国外同专业的发展拉开了一段距离。

实际上，随着我国改革开放脚步的加快，心理咨询与其他行业的情况类似，开始踏上规范化发展的道路。但是，对于行业的分界、伦理和规则等，还需要一段时间的发展和完善；现阶段特别需要强化对专业学生及专业人员在教学、培训与督导方面的工作。

第二节 教学、培训与督导一章伦理条款及其解读

在伦理守则的"教学、培训与督导"一章中，开宗明义提出"从事教学、培训和督导工作的心理师应努力发展有意义的和值得尊重的专业关系，对教学、培训和督导持真诚、认真、负责的态度"。这里强调的是专业关系，而不是一般的人际关系。对于什么是专业关系，我们可以从伦理守则的五个核心原则——善行、责任、诚信、公正、尊重——的角度进一步理解和分析。

条款 6.1 明确提出，从事教学培训与督导的心理师，必须以促进对方的福祉为目的，培训、教学和督导工作一定要有科学依据。例如以国家卫健委 2013 年发布的《心理治疗规范》作为依据，不应随意开展没有经过科学认证的心理咨询和治疗方法的教学、培训与督导，同时也不要自己随意创造未经检验的疗法。

条款 6.2 特别强调在从事教学、培训和督导工作时，心理师要采取多元化理论的取向，而不是将自己认定的理论取向强加给受训者。同时也强调一定要在具有充分胜任力的前提下开展督导工作。即使是经验比较丰富的督导师，在遇到问题和困难时也需要寻求专业督导的帮助。

> 6.2 心理师从事教学、培训和督导工作时应持多元的理论立场，让学生、被培训者或被督导者有机会比较，并发展自身的理论立场。督导者不得把自己的理论取向强加于被督导者。

> 6.3 从事教学、培训和督导工作的心理师应基于其教育训练、被督导经验、专业认证及适当的专业经验，在胜任力范围内开展相关工作，且有义务不断加强自己的专业能力和伦理意识。督导者在督导过程中遇到困难，也应主动寻求专业督导。

6.2 和 6.3 这两个条款是第二版伦理守则为适应当代专业工作的需要新加入的。旨在强调督导师不能把自己的理论取向强加给被督导者，要尊重多元的治疗理论和取向。例如，无论一个督导师在某个治疗学派的造诣有多深，仍需要尊重被督导者的个人发展倾向，从被督导者的自身福祉出发，帮助其打好专业基础，找寻适合自身特点的专业工作风格。因此，督导师除了需要具有一般专业知识和技能，还需要掌握其他主要流派的基本知识。同时特别强调从事教学、培训和督导工作的心理师，都必须有做督导的胜任力，并且应是在基于胜任力的基础上从事督导工作。从专业胜任力一章我们了解到，心理咨询和心理治疗是一个需要终身学习的专业领域，因此担任教师、督导师的专业人员，也需要不断学习和接受继续教育，了解专业领域的最新发展动态，不断提升自己的专业胜任力。

对于我国现阶段从事督导工作的专业人员而言，许多人在专业发展过程中，未经过系统的专业训练，对此我们必须有清醒的认识。在专业工作中，可能有些督导师自身业绩突出，专业工作效果良好，但就如同"好的运动员，不一定是好的教练员"，欲成为好的教师和好的督导师，还需要在督导方面加强学习和训练，包括学习有关的督导理论及督导技能，参加督导伦理的培训。

条款 6.5 至 6.7 主要对教学和培训提出了具体的要求，包括教学设置上要理论和实践相结合，要有明确的培训大纲，内容必须实事求是，督导师要对自己的教学培训和督导项目负责任等。

条款 6.8 和 6.9 对督导工作提出了具体而详细的要求，包括督导师要向被督导者详细说明督导的目的、过程、评估方式及标准，填写督导有关的知情同意书，定期评估被督导者的专业表现并提供反馈，尤其要审慎地评估学生的能力与局限，必要时建议不适合从事心理咨询与治疗者考虑其他专业发展方向，做好专业领域"把门人"的角色。在此，有必要重新复习有关督导的定义和注意事项。心理咨询与治疗的督导指的是"被督导者接受督导者的观察、监督并提供指导的活动。督导者需要帮助被督导者更有效地服务于当事人，并协助被督导者专业上的成长，同时也需要对个案的咨询过程负责"（Corey, Corey, Callanan, 1998）。西方国家建立督导制度比较早而且比较完善。例如在美国，督导师需要充当新手咨询师进入专业的"把门人"角色，即具有一票否决权，如果督导师认为被督导者存在比较大的问题，或专业训练欠缺，是不会为其签署实习训练合格证明的，被督导者也会因此无法进入专业领域工作。在我国建立督导制度过程中，暂时还做不到如此严格。但仍然需要督导师对被督导者的情况给予明确的反馈，以帮助提升其胜任力，保证来访者的福祉。

此外，担任教师、督导师的专业人员，需要公平、公正地对待自己的学生、接受培训者及被督导者。特别对于督导师而言，应事先向被督导者明确说明督导目的、过程及评估方式，这些在督导关系一开始建立就需要进行讨论，并体现在督导协议中。

> 6.8 担任督导任务的心理师应向被督导者说明督导目的、过程、评估方式及标准，告知督导过程中可能出现的紧急情况，中断、终止督导关系的处理方法。心理师应定期评估被督导者的专业表现，并在训练方案中提供反馈，以保障专业服务水准。考评时，心理师应实事求是，诚实、公平、公正地给出评估意见。

> 6.9 从事教学、培训和督导工作的心理师应审慎评估其学生、被培训者或被督导者的个体差异、发展潜能及能力限度，适当关注其不足，必要时给予发展或补救机会。对不适合从事心理咨询或治疗工作的专业人员，应建议其重新考虑职业发展方向。

接下来，本章专门用三个细致的条款来规范从事教学、培训和督导的心理师与学生的关系和界限。这些条款与伦理守则第一章专业关系中的条款是相呼应的，是专业关系在教学、培训与督导方面的具体体现。条款 6.10 至 6.12 提出心理师有责任设定清楚的、适当的和具文化敏感度的关系界限，不得卷入心理咨询或治疗关系；不得与学生发生亲密关系或性关系，不得与有亲密关系的人员建立督导关系，以避免产生潜在的剥削或伤害。这是因为从事教学、培训或督导工作的心理师与学生、被培训者、被督导者存在着权力的不对等，如果不注意可能会利用潜在的优势谋取私利，利用或者剥削对方。虽然督导师和被督导者双方都是专业人员，但适当的专业界限仍然十分必要，能够保证专业工作的效果。有些教师、督导师常常对此认识不清。例如经常让学生或被督导者帮自己做一些个人的事情，甚至让对方无偿为自己工作或服务等，这些都是超出专业工作的需要，是在满足教师或督导师自己个人需求的不符合伦理的行为。

另外，双重关系往往很容易使教师和督导师失去中立、客观的立场，这样可能无法保证专业工作的效果。条款 6.10 还指出，担任教师、培训师或督导师的心理师不得与其学生、被培训者或被督导者发生亲密或性关系，不得与有亲属或亲密关系的专业人员建立督导关系。有上述关系时，心理师是无法持客观、公正的态度进行工作的，也无法保证学生、被培训者或被督导者的福祉。

有些督导师在对被督导者进行督导时，往往会发现被督导者的个人议题会影响其咨询工作的开展，此时督导师应清醒地意识到，自己的工作目标是提升被督导者的胜任力，不是解决被督导者的个人议题。对其个人议题，督导师可以点到为止，并和被督导者一起探讨什么情境下其个人议题会影响专业工作的进行，如何避免这种情况的发生。如其个人议题对咨询过程有重大影响，督导师应敦促其找其他资深咨询师进行个人体验，但督导师自己不要同时既做督导师，又做被督导者的咨询师，两者的工作目标和工作方式是不同的。

6.10　承担教学、培训和督导任务的心理师有责任设定清楚、适当、具文化敏感度的关系界限；不得与学生、被培训者或被督导者发生亲密关系或性关系；不得与有亲属关系或亲密关系的专业人员建立督导关系；不得与被督导者卷入心理咨询或治疗关系。

> 6.11 从事教学、培训或督导工作的心理师应清楚认识自己在与学生、被培训者或被督导者关系中的优势，不得以工作之便利用对方为自己或第三方谋取私利。

条款 6.4 和 6.13 强调，担任教学、培训或督导任务的心理师有责任向学生强调专业的伦理规范，对自己的学生、被培训者或被督导者违反伦理的情形应保持敏感，一经发现要及时处理，情节严重者需要向中国心理学会临床心理学注册工作委员会伦理工作组举报。

> 6.4 从事教学、培训和督导工作的心理师应熟练掌握专业伦理规范，并提醒学生、被培训者或被督导者遵守伦理规范和承担专业伦理责任。

> 6.13 承担教学、培训或督导任务的心理师对学生、被培训者或被督导者在心理咨询或治疗中违反伦理的情形应保持敏感，若发现此类情形应与他们认真讨论，并为保护寻求专业服务者的福祉及时处理；对情节严重者，心理师有责任向本学会临床心理学注册工作委员会伦理工作组或其他适合的权威机构举报。

担任教学、培训或督导任务的心理师在遵守伦理规范方面应为其学生、被培训者、被督导者树立榜样，应成为他们的伦理教师，培养他们的伦理敏感性，教授伦理两难问题的决策方法，以帮助他们在专业实践中更好地面对和处理各种伦理议题。

第三节 典型案例分析

在心理咨询和治疗的临床实践工作中，咨询师常常会遇到一些非常具体的涉及伦理的相关议题。虽然我们有很明确的伦理守则作为指导，但是遇到具体的伦理议题时，思考何为符合伦理的做法，却是因事、因时、因地而异的。也就是说在做任何一个伦理决策的时候,需要在决策过程中对各方面进行考量,这样才能尽量保证该决策是当下最适合的一个决定。以下通过几个具体的案例,让专业人员了解和熟悉在教学、培训和督导工作中面对相似问题时,如何去思考和做决定,起到举一反三的效果。

 案例1　督导胜任力的议题

小张通过劳动人事部二级心理咨询师考试后,在一个三线城市开办了自己的心理咨询工作室。经人介绍认识了该市精神病院的刘医生,她想请刘医生做自己的督导师。刘医生从医学院毕业后一直在精神病院工作了十几年,目前已经是副主任医师,同时在该院的心理治疗门诊接诊。刘医生愿意给小张做督导,给她技术上的指导与支持。不过刘医生说她并不是中国心理学会注册系统的注册督导师,也没有经过系统的督导培训,只是在平时的临床工作中积累了大量的经验,可以传授给小张。

请思考以下几个问题

1. 如果你是小张,你认为请刘医生做你的督导师合适吗?
2. 小张在请刘医生做督导前,是否需要了解刘医生所接受的督导训练及经验?
3. 刘医生不是注册系统的督导师,可以为小张做督导吗?

分析与讨论

在这个案例中,涉及的最重要的议题是胜任力。小张所在城市资深的心理咨询师比较少,精神科医生因为有多年工作经验并在心理门诊接诊,很容易被认为具有督导的能力与资格。其实督导是一个专门的学问,有专门的一套基础和临床理论与实践要求。没有经过督导的相关培训和实践,很难确定刘医生是否具备督导的能力。

伦理守则特别强调承担督导工作的心理师必须具备相应的胜任力基础。虽然不是注册系统的督导师,也可以从事督导工作,但是一定要经过督导培训,有相应的资质确保具备督导的胜任力。在这一点上,小张需要去了解刘医生在督导方面所接受的训练,以及是否取得了相应的资格,再决定是否请她做自己的督导师。

补充说明：对将要做自己督导师的心理师进行胜任力的考察，简单地说是为了确保让"专业的人做专业的事"。没有受过专门督导训练的人做督导师，可能会因为没有系统培训，在胜任力(理论与技术方法)、知情同意、督导关系、保密及专业伦理等方面存在一些限制或盲点(例如，有的督导师在没有知情同意的情况下就做督导，或者在督导过程中随意变换督导时间和地点，打破设置，没有督导结束的过程，对一些伦理议题没有敏感性和警惕性，有时候突破了督导界限而不自知，例如讲许多自己或他人的案例，甚至说出来访者的姓名等)。督导师需要具备的专业胜任力，虽然与心理咨询与治疗的胜任力有相似之处，但是也有不同的地方，必须经过系统的学习和训练才可能胜任。

案例2　培训中的伦理议题

某学校心理咨询中心决定派两位咨询师外出进修学习。其中一位王老师向领导汇报说在网上找到了一个专门针对学生的塔罗牌和灵性成长的连续培训课程。广告介绍授课的教授小时候得过一场怪病，后来开始通灵。该教授在全国各地举办培训班，解救了无数有厌学和网瘾问题的学生。中心的领导心里有些疑惑，于是联系广告上那位声称在某高校任"兼职教授"的学校。学校说查无此人。中心领导希望两位老师不要去参加这样的培训，但是又说不出具体的理由。

请思考以下几个问题

1. 如果你是学校领导，你会怎样帮助心理咨询师进行学习和培训的选择？
2. 如何了解市面上现存的心理咨询培训的科学性和实用性？
3. 你在选择参加一个专业培训项目时，最看重的是什么信息？

分析与讨论

自从现代心理咨询和心理治疗在国内开展起来后，经过二十多年的发展，心理咨询和治疗流派百花齐放，在培训和临床实务领域各自占有一席之地。这其中既有正统和经典的如精神分析、行为治疗、人本主义和后现代心理治疗等，也有各种偏门的治疗流派或者方法。还有一些国内外自创的所谓疗法也兴旺起来。一个疗法之所以被认可,是有其具体的条件与相关原因的。例如在德国,法律授权德国联邦科学顾问委员会负责心理治疗学派的科学许可工作。该委员会下设心理治疗科学委员会,"心理治疗科学委员会在决定某一心理治疗学派的科学性时,采用多种科学指标进行衡量:该学派对各种心理障碍病因的解释、治疗的理论及科学的实证性研究的证据。最后一项需要有至少三项对不同的心理障碍的研究为证据,这些研究需要同时符合:随机对照,有清楚的治疗过程,是采用真实病人的研究及有干预后的随访等条件"。该委员会已经批准的心理治疗学派有:精神分析治疗和心理动力学治疗,行为治疗,人本主义心理治疗和系统家庭治疗(钱铭怡等,2010)。

从科学性和实际效果以及临床研究的角度来看,国家卫健委发布的《心理治疗规范》确定的十三种心理治疗和咨询方法得到大家的公认。另外国家科技支撑计划确定的十种心理治疗和咨询方法,也可以作为参考(张亚林,曹玉萍,2014)。目前国内有许多培训通知和广告,令人感觉眼花缭乱,难以选择。一般而言,注册系统开展的培训都经过比较严格的审查和批准,值得重视。从注册系统继续教育审核的标准,可见任何一个培训项目要进入注册系统的继续教育体系,需要经过专门的审查小组核准,具体条件包括:申请培训项目的背景情况,例如在专业范围内被认可的程度等;培训负责人的资质和经验的证明材料;主办单位是否有足够的专业资质和经验;广告宣传是否规范,排除盲目夸大或妄称"第一""首创"者;培训大纲需详细而循序渐进,最好有先期培训的成功经验佐证;最后还要对培训是否遵从伦理进行审查,以保证受训者的福祉。因此,读者可以考虑选择注册系统推出的继续教育项目,也可以参照上述标准,自行对照相关培训的有关情况,对培训项目进行更好的自主选择。

 案例3　督导关系的伦理议题

小方是一个公司的行政秘书,三年前生小孩后患"产后忧郁症"。除了吃药以外,还在白老师那里做心理咨询。心理咨询对小方起到了很好的效果,使她重新认识了自己,也发现了自己对助人专业非常认同。于是小方也参加了心理咨询的培训,并且通过了劳动人事部的三级心理咨询师考试。几天前,小方找到她的心理咨询师白老师，想请白老师做她的督导师，为她刚刚开始的心理咨询工作把把关。白老师拒绝了做小方督导师的提议，小方有些不能理解。

请思考以下几个问题

1. 白老师拒绝给小方做督导，是出于什么样的理由？
2. 如何理解督导师与被督导者的关系与界限？
3. 如果你是白老师，你会同意为小方做督导吗？

分析与讨论

在伦理守则中，多次强调了要避免双重或者多重关系。原因是双重关系破坏了心理治疗或心理咨询相对清晰而明确的人际边界，使得专业关系受到挑战。在这个例子里，白老师是小方的咨询师，已经有了咨访关系，就不能够再加上督导和被督导的关系。一般而言，咨询关系结束一段时间后(例如三年后)，再建立其他关系在理论上是可以的。但对于来访者而言，如果后续还有可能需要咨询，就不能再恢复以前的咨询关系而需要另找他人了。因此有经验或者对伦理议题敏感的咨询师，一般不会考虑建立多重的关系。这也是因为白老师和小方之间，已经因为咨访关系而存在信息的不对称，如果有利用或者剥削的情况，很难被发现和处理。关于治疗关系和如何避免双重关系，可以参考伦理守则的其他章节。

小　　结

当下对心理咨询从业者的教学、培训和督导的需求越来越大，而目前的教学、培训和督导的资源又十分有限，因此更加需要强调从事这类工作的咨询师有足够的胜任力。咨询师需要经过专门的教学和督导训练，通过相应的教学和督导能力的评估与考核后上岗。现有的教师、督导师还要注意在理论取向上趋于多元化，建立健康的教学与督导关系，在专业关系、保密等方面符合伦理的要求。同时，咨询师要对学生、接受培训者和被督导者加强伦理敏感性的培养，成为他们的伦理教师和把关者。本章特别强调心理师要在基于胜任力的框架下工作，同时进一步细化和明确了咨询师在教学、培训和督导中的责任、义务和处理关系的准则。

思 考 题

1. 一个理想的从事教学、培训和督导的咨询师应该具备什么条件？
2. 督导师的胜任力包括哪些内容？
3. 督导师与被督导者在关系上要注意什么？
4. 发现被督导者有违反伦理的情况，督导师为什么有义务报告？
5. 为什么说督导师要防止剥削或者利用被督导者？
6. 参加心理咨询与治疗的培训前，要了解该教学项目哪些方面的情况？

参 考 文 献

钱铭怡，严俊，肖泽萍，等，2010. 德国的心理治疗培训和管理. 中国心理卫生杂志，24(2)：81-85.

张亚林，曹玉萍，2014. 心理咨询与心理治疗技术操作规范. 北京：科学出版社.

COREY G，COREY M S，CALLANAN P，1998. Issues and ethics in the helping professions. 5th eds. Pacific Grove，CA: Brooks/Cole Publishing Company.

8

研究和发表

第一节　理解研究和发表相关的伦理

一、研究的意义

临床与咨询心理学的理论或假说有许多种,而且还在不断增加之中。这些理论或假说自成体系,往往可以自圆其说。每种理论或假说又涉及多种具体技术。心理治疗方法现已有百种以上,但是在理解关键变量上的研究却变得越来越复杂(Roth,Fonagy,2005)。

与其他学科一样,临床与咨询心理学作为心理咨询与心理治疗的理论基础,其健康发展离不开科学的研究,包括研究成果的正确发表。若不进行科学的研究,则无法证实或证伪这些理论、假说及其具体技术,也不太可能提出新的科学理论。

科学研究获得的结果,能够对临床干预中提出的新的理论模型或技术方法进行证实或证伪。获得研究证据支持的研究可以在临床工作中进一步推广使用;而没有获得证据支持的临床理论模型和技术方法,则不宜用于临床工作。这也是伦理总则中"善行"和"责任"对专业人员的要求。

在提及科学研究时,许多主要从事临床实务工作的咨询师认为与己无关,觉得这是高校或研究所的教育、科技人员的事情。事实上,随着社会、经济的迅速发展,人们要求心理健康和教育工作者能用数字说话,给出数据和结果。在咨询实践的文献中,使用有证据支持的治疗方法已经成为主流话题(维尔福,

2010)。

例如在德国，目前精神分析治疗和心理动力学治疗、行为治疗、人本主义心理治疗和系统家庭治疗获得了德国联邦科学顾问委员会下属的心理治疗科学委员会的审查批准。这一委员会对某种心理治疗学派在对心理障碍病因的解释、治疗的理论方面以及采用这些学派的理论技术对不同的心理障碍的研究支持证据方面进行详尽核查之后，才会正式确认其科学性(钱铭怡等，2010)。在德国，采用被认可的、具有科学性的治疗学派的理论和方法进行工作，才有可能获得保险公司的保险支付，这对从事临床实务工作的专业人员至关重要。

因此，咨询师在此方面需要不断学习，如果不能从事科学研究，至少要了解一般的临床干预的研究是如何做的，了解临床研究的新进展；并清楚地了解什么是科学研究获得的结果，识别什么是有科学依据的理论和技术，什么是无科学依据的技术方法。

二、研究与发表必须遵从专业伦理

临床心理学研究必须采用正确的方法，才能得到科学的结果。除此之外，还必须符合伦理的要求，否则可能会对受试者造成伤害，如华生(John B.Waston)以小艾伯特为被试所做的实验，人为地造成了儿童的长期恐惧(Powell，Digdon，Harris，Smithson，2014)；还会使研究者和心理学专业的声誉受损。

《中国心理学会临床与咨询心理学工作伦理守则(第二版)》的研究和发表一章，开宗明义说明了科学研究的意义和科研伦理的必要性(中国心理学会，2018)。

> 心理师应以科学的态度研究并增进对专业领域相关现象的了解，为改善专业领域做贡献。以人类为被试的科学研究应遵守相应的研究规范和伦理准则。

该章不是介绍研究的方法与发表文章的技巧，而是介绍科学地进行临床与咨询心理学研究以及正确发表研究结果的伦理要求。下一节将对伦理守则研究和发表一章的有关条款进行解读，第三节将对相关的案例进行分析和讨论。

第二节 研究和发表一章伦理条款及其解读

伦理守则中关于研究和发表的伦理条款共计 13 条,内容涉及研究需要获得来访者或被试的知情同意,保护被试的隐私及其他权利,与被试的关系议题,以及与研究论文撰写、发表和审阅等相关的伦理议题。

一、知情同意与被试的权利

临床心理学研究应该尊重人的基本权益,遵守相关法律、法规、伦理准则及人类科学研究的标准。其宗旨是保证受试者的安全。具体措施主要有两个:一个是科学、合理的研究方案,一个是知情同意。

对于一个研究是否具有科学性,以人为被试的研究是否有足够的措施保障被试的权利,这两部分是伦理审查委员会或机构审查委员会重点审查的内容。我国建立伦理审查委员会,发端于医学界。20 世纪 90 年代,我国的医院、医学院校开始逐步建立伦理委员会,且发展迅速。一方面,由于我国参与国外生物医学研究项目的需要,国际社会对于伦理审查的要求也越来越严格,涉及人的生物医学研究未经伦理审查不得开展、未经伦理审查的研究成果一律不得发表。另一方面,我国相关法规对医院设立伦理委员会做出了明确要求。1995 年,卫生部在《卫生部临床药理基地管理指导原则》中明确要求,"每个临床药理基地或所在单位均应建立一个独立的由 5 人至 7 人组成的医学伦理委员会"(张妞,张涛,徐菊华,2017)。其后,研究伦理在医学领域日益受到重视,很多高校和医院建立了伦理委员会。2010 年起,心理学界对此方面的工作也给予关注,陆续有高校、研究院所开始建立伦理委员会。

伦理委员会要对本单位中拟进行的科学研究进行伦理审查。因为如果研究设计不科学、不严谨,就不可能得到有效和有意义的结论。无论如何,如果不能得到科学的结论,就不能让被试冒险参与研究,这对他们是不公平的(维尔福,2010)。伦理守则条款 7.1 在此方面有明确的要求。

> 7.1 心理师的研究工作若以人类作为研究对象，应尊重人的基本权益，遵守相关法律法规、伦理准则以及人类科学研究的标准。心理师应负责被试的安全，采取措施防范损害其权益，避免对其造成躯体、情感或社会性伤害。若研究需得到相关机构审批，心理师应提前呈交具体研究方案以供伦理审查。

进行科学研究时，被试可能会由此获益，例如被试在社交方面有问题，参加针对社交焦虑的心理干预研究，进入干预组，社交方面问题可能因此获得改进；但被试也可能被随机分配到对照组，在研究期间不会获得任何干预，即可能无任何获益，这些是需要在知情同意书中进行说明的。无论被试被分配进入哪个研究小组，都可能面临一些风险，例如某种新的干预方法是无效的，或者隐私泄露等。因此，在开展研究之前，使被试知晓研究的目的、方法、过程、风险等，自主决定是否参与是非常重要的；包括未来对研究数据的保存、研究结果发表的匿名性等，都需要事先告知被试，由被试或其法定监护人签署知情同意书。

> 7.2 心理师的研究应征求被试知情同意；若被试没有能力做出知情同意，应获得其法定监护人知情同意；应向被试(或其监护人)说明研究性质、目的、过程、方法、技术、保密原则及局限性，被试可能体验到的身体或情绪痛苦及干预措施，预期获益、补偿；研究者和被试各自的权利和义务，研究结果的传播形式及其可能的受众群体等。

临床干预性研究，要进行录音或录像的访谈性研究，研究者通常需要和被试事先签署知情同意书。对于一些调查性研究以及不会对被试造成任何伤害的研究，可能会获得免签知情同意书的许可，但通常研究者需要在调查问卷的起始处做知情同意说明，一旦被试开始回答问卷上的问题，就表明其同意参加相应研究，伦理守则条款7.3对此进行了说明。不过对于一些特定人群的研究，例如对服刑人员等人群的研究，完整的知情同意过程则是必不可少的。以下是本章作者之一所在项目组的一项在监狱进行的酒精依赖研究的知情同意书实例。

知情同意书

一、研究介绍

大量研究显示，许多与饮酒相关的问题(如车祸外伤、躯体疾病、精神障碍、家庭问题、工作问题等)发生在还未形成酒依赖的危险饮酒和有害饮酒者中。本研究旨在调查本监狱服刑人员的饮酒情况及相关问题，通过相关健康知识宣传，减少酒精有害性使用造成的不良后果。

二、研究过程

本研究预计期限1年(××××年××月至××××年××月)。前期主要是对您的饮酒情况进行资料收集和分析，包括问卷填写(两个问卷共耗时约30分钟)及定式访谈(问卷评分达到该试验制定的标准才进行，耗时约30分钟)。据此我们会筛查出有害饮酒者，并利用随机数字表将其随机分为干预组(给予个体心理干预)与对照组(仅给予自助手册)。(注：分组为随机，不考虑个人意愿，故您可能被分到干预组或对照组，若违背了您的个人意愿，您可以选择退出，或者在本研究结束后接受我们另外提供的心理干预。填写了本知情同意即表示您接受我们的随机分组方式。)之后我们会就饮酒问题给予相关的健康知识宣传和指导，并在接下来的1年内对您进行4次面谈随访。随访内容为10个问题，大约耗时10分钟。

三、被试获益

通过参加本研究，我们会详细了解您的饮酒情况，并向您反馈是否存在酒精有害使用行为，同时会给予您专业的干预及随访。这不仅有助于您了解自己可能存在的有害饮酒行为，而且在一定程度上可避免再次发生类似行为。

四、被试风险

我们郑重声明，参加本研究，您不会有直接风险。本研究中采集的资料仅限研究者用于本次研究，绝对不会通过任何方式对外扩散。

1. 保密性：有关您的信息将被严格保密，伦理委员会或管理部门会检查本次调查的相关情况及知情同意书。在问卷调查及定式访谈过程中，将只有专业人员在场，不会有其他人等在场或对此过程干预，更不会有其他形式的记录，如录音、摄像等。研究结束后，您的信息将会以书面形式保存，为了保护您的隐私，我们将会对您的个人信息以一种不可识别个人身份的方式进行标记。这些信息和与您姓名对应的代码编号列表将由研究者至少保存N年(根据国家规定和具体研究要求，$N \geq 5$)。另外，在科学会议或者科学杂志上发表本研究获得的研究信息和数据时，您的身份将不会被公开。

2. 无创性：本研究不涉及任何侵入性及其他有创性操作。所涉及的问卷及干预手册，不存在让您产生不适或涉及您个人私密性信息的问题。

五、您的权利

您有权拒绝参加本研究，您也有权在研究过程中的任何时候无任何原因选择退出。我们不会询问您退出的理由，也不会向看守所其他工作人员反映。无论您选择不参加还是中途退出，都不会给您带来任何不利影响。

六、研究者申明

我们保证：您参加本研究是完全自愿的，不会有任何人给您施加压力，您可以拒绝参加，且有权在试验中的任何阶段随时退出，任何时候您想退出我们将完全尊重您的意愿，不会对您造成任何影响。

七、签署姓名和日期

我已详细阅读并充分了解参加本研究的性质和目的、本人获益和风险等。研究者已向我做了完全、详细的告知说明，对我提出的问题也给予了满意的回答。我同意自愿加入此项研究，将遵守研究程序，且根据研究要求向研究人员提供必要的信息。

受试者(签名)：_____ 时间：_____年____月____日

调查者(签名)：_____ 时间：_____年____月____日

签署知情同意书，若被试没有能力做出知情同意，应获得其法定监护人的知情同意。这包括两种情况：①未成年人的法定监护人是父母；②依照《中华人民共和国民法典》的有关规定，"无民事行为能力或限制民事行为能力的成年人，由下列有监护能力的人按顺序担任监护人：(一)配偶；(二)父母、子女；(三)其他近亲属；(四)其他愿意担任监护人的个人或组织，但是须经被监护人住所地的居民委员会、村民委员会或者民政部门同意。"

犯罪嫌疑人或正在服刑人员被剥夺了部分权力。以这些人为被试时，要充分考虑到各种情况，保证他们确实是在完全自愿的前提下做出知情同意(伦理守则条款7.2),保证他们随时退出或不再继续参与的权利,并且不会因此受到任何惩罚(伦理守则条款7.4)。

例如,在上述情况下进行研究时,为了保证被试是自愿参与的,而不是被强制,在签署知情同意书及调查过程中,应将服刑人员单独请到一边,谈话内容只有研究者和被试能听见;若其拒绝签署知情同意及参加调查,要与其闲聊一段时间,以免他人从其很快离开的表现推测出其态度。

对普通被试,也需要注意尊重个人的自主权,他们同意参加某项研究,并不意味着就必须坚持到研究结束。被试有随时退出不再继续参加研究的权利。

二、研究报告的撰写与发表

研究报告的撰写和发表,是使研究者的思想、研究成果被相关领域的专业人员获取,并得以广泛传播的重要途径。对于研究报告的撰写与发表,需要注意的事项包括:①客观,不编造,不使用虚假信息或资料;②全面,不隐瞒阴性结果或不利的结果;③保护受试者隐私;④尊重他人的知识产权,包括规范地引用已发表的言论或资料,以及研究合作者的署名权等;⑤不要一稿多投。这些事项,符合伦理守则中总则的善行、诚信、尊重等原则,具体体现在伦理守则条款7.7中。

> 7.7 撰写研究报告时,心理师应客观地说明和讨论研究设计、过程、结果及局限性,不得采用或编造虚假不实的信息或资料,不得隐瞒与研究预期、理论观点、机构、项目、服务、主流意见或既得利益相悖的结果,并声明利益冲突;如果发现已发表研究有重大错误,应更正、撤销、勘误或以其他合适的方式公开纠正。

毋庸置疑,所有研究者都希望获得自己预期的结果。例如设计了一种新的干预方法进行某个心理干预的研究,预期干预组与对照组的结果比较有显著的差异,即干预带来了明显的正向效果。但研究结果有时并不尽如人意。此时,在研究的数据分析、结果整理和文章撰写过程中,研究者需要客观诚实地对待所获得的研究结果，如实地报告研究结果，以利于自己和同行总结经验，在此基础上开展进一步的研究。伪造数据和失实的研究报告，最终会毁掉研究者的专业信誉，也会伤害整个专业领域的声誉。

此外，专业人员在撰写论文和论著时，不得剽窃他人成果，应按照学术规范引用他人的资料(见伦理守则条款 7.9)；论文和论著署名，应尊重其他合作者，包括学生和研究生作者(见伦理守则条款 7.12)。这些都是科研诚信及专业伦理对从事科学研究的专业人员提出的要求。

伦理守则条款 7.8 要求专业人员在撰写科研报告时要注意对被试的身份保密。这一点对于从事心理咨询和心理治疗工作的专业人员更为重要。伦理守则条款 7.10 明确指出撰写心理咨询或心理治疗的案例要隐去可识别来访者身份的信息。而对于撰写完整的案例报告，作者不仅需要隐去可以辨认出来访者的有关资料，还需要获得来访者的书面知情同意。这是保护来访者隐私的需要，也符合伦理守则总则中善行及尊重等重要原则的要求。

> 7.10 心理师科研、写作若采用心理咨询或心理治疗案例，应确保隐匿可辨认出寻求专业服务者的信息。涉及寻求专业服务者的案例报告，应与其签署知情同意书。

第三节 典型案例分析

一、与研究知情同意相关的案例

伦理守则条款 7.2 介绍了知情同意书的主要内容，有的伦理审查委员会可以提供知情同意书的范本。除非符合免除知情同意的条件，否则在无知情同意前提下，不应进行研究。研究的实施应该严格按照申报方案进行。

案例1　与创伤有关的研究中的伦理议题

某小学发生一起严重事故，个别学生当场死亡，一些学生不同程度受伤。重伤者仍在医院抢救，轻伤者和未受伤者在事故发生两周后返校上课。某研究人员得知消息后，与学校领导沟通，得到允许后带着调查问卷和量表前来测查，在课堂上简单做了说明之后，统一发放测量工具，等学生回答完毕后，将问卷集中收走，然后向每位答卷的学生赠送少量文具。测量过程中有许多内容涉及创伤事件和个人感受，有的学生想到事故发生时的恐怖场面，默默流泪，不愿理人。研究人员收齐调查问卷后告诉老师要好好劝慰这些学生，就离开了。

请思考以下几个问题

1. 在这个案例中，有可能违反伦理的情况有哪些？
2. 如果由你做这项研究，你会如何改进？
3. 因为时间紧迫，来不及提交伦理委员会审查，或者找不到合适的伦理委员会进行审查，是否可以免做知情同意？

分析与讨论

1. 研究者涉嫌违反伦理守则条款7.1，"心理师应负责被试的安全，采取措施防范损害其权益，避免对其造成躯体、情感或社会性伤害"。创伤事件发生2周后，向创伤目睹者询问创伤相关的问题，很可能诱发不同程度的心理痛苦。研究者应该预见这种可能性，却没有相应的干预预案，只是告诉老师好好劝慰这些学生，自己就离开了。另外，此案例中未提研究方案是否通过伦理审查。小学一般没有伦理委员会，应该由研究者所在机构的伦理委员会对研究方案进行审查；若其所在机构没有伦理委员会，则应提交给相关的伦理委员会进行审查。

2. 研究涉嫌违反了伦理守则条款7.2 "心理师的研究应征求被试知情同意；若被试没有能力做出知情同意，应获得其法定监护人知情同意"，该研究者在做此项研究时没有征求被试的知情同意。此案例的被试是未成年人，除了应征求被试的知情同意，还应征求其法定监护人的知情同意。

3. 可能违反了伦理守则条款 7.4"被试参与研究,有随时撤回同意和不再继续参与的权利,并且不会因此受到任何惩罚,而且在适当情况下应获得替代咨询、治疗干预或处置"。这个研究的进行,是在老师陪同的情况下,研究者统一发放测量工具。小学生若不情愿,也可能出于对老师的畏惧而参与调查。此外,研究诱发了某些学生的痛苦体验,研究者有责任采取适当措施,例如研究者自己或者由其合作者对参与调查的小学生进行一定的心理辅导工作。

整体来看,这个研究者的行为与伦理总则要求的"善行"是不符合的,没有很好地考虑被试的权利和福祉,更多地考虑了自己的科研需要。如何在科研的目的和需要及保障被试的权益两个方面更好地取得平衡,是作为研究者的专业人员需要认真思考的议题。

 案例2　试图降低脱落率的研究

一项研究招募大学生被试,每位被试共需接受 5 次访谈。为了降低脱落率,研究者向受试者收取 200 元押金。在知情同意书中说明,若完成全部 5 次访谈,押金全额退还,另外支付 300 元的补贴。若完成不了 5 次,则没有任何补贴,而且每少一次扣 40 元押金。由于押金不多,因故不能参加全部 5 次访谈者,对扣除部分押金也没有异议,甚至有人不要了。

请思考下列问题

1. 对于研究中收取押金,以及对押金的处理方法,你怎么看?

2. 以下是几种不同的看法,你同意哪一种看法?

(1) 被试是成年人,签署了知情同意,这种收取押金及处理押金的方式,不违反伦理。

(2) 知情同意书就是那么写的,若被试没有完成 5 次访谈,实际处理时可以全额返还押金,给被试意外的惊喜。这样更不会违反伦理了。

(3) 这种做法不符合伦理。应该换一种做法,不收押金,若未完成 5 次访谈,每少一次少支付 60 元补贴。

分析与讨论

1. 根据伦理守则条款 7.4"被试参与研究，有随时撤回同意和不再继续参与的权利，并且不会因此受到任何惩罚……心理师不得以任何方式强制被试参与研究"，这种收取押金并根据参与研究多少相应扣除押金的做法涉嫌违反伦理。被试因不再继续参与研究，被扣除部分或全部押金，属于受到惩罚，相当于被强制参与研究，尽管这种强制的力度不大。虽然被试签署了知情同意书，但是其性质本身没有改变。

2. 若被试没有完成 5 次访谈，实际处理时可以全额返还押金，给被试意外的惊喜。访谈结束后尽管全额返还押金，但是此前被惩罚的预期和被强制的感受，可能会影响访谈的结果，从而影响研究资料的真实性和研究结果的科学性。

3. 不应该收取押金，但可以采用其他方法处理被试脱落的情况。例如，若被试未完成 5 次访谈，每少一次少支付 60 元补贴。这种做法，不是惩罚，是奖励，不违反伦理。但是，如果在研究开始前的知情同意过程中换一种说法，效果会更好："每参加一次访谈，可获得 60 元补贴，完成 5 次访谈时一次性支付；若未完成 5 次访谈，等完成全部资料收集工作时，按参加次数一次性支付。"

4. 若扣留部分或全部押金，实质上相当于收取了参加研究的费用，恐怕不只违反伦理，还可能涉嫌违反行政法规(例如，发改委 2006 年发布的《行政事业性收费标准管理暂行办法》，公立大学和研究机构属于事业单位，收费需要按照此办法执行)。

二、与研究报告的撰写与发表相关的案例

案例 3　一稿两投的作者

一位咨询师晋升职称需要一篇中文核心期刊论著，而且按规定必须是在一定时间内正式发表，至少要收到杂志的录用通知。这位咨询师注意到留给自己的时间只有半年了，为了保证自己的论著尽快发表，借鉴其他同行的经验，抱着"东方不亮西方亮"的心态，他将同一篇论文同时投稿给几家相关核心期刊。他知道不能一稿多投，打算只要收到某家期刊的录用通知，马上从其他期刊撤

稿,认为这样就可以避免违规了。

请思考以下问题

1. 对他的这种做法,你怎么看?

2. 以下是几种不同的看法,你同意哪一种看法?

(1) 时间紧张,若一家期刊退稿后再投另外一家期刊,文章很可能无法在规定期限内发表或拿到录用通知。这么做是迫不得已,情有可原。而且作者计划收到第一份录用通知后马上从其他期刊撤稿,算不上一稿多投。

(2) 也有其他人这么做,文章发表了,而且没有被按一稿多投处理。杂志社说归说,不会那么较真的。毕竟审稿周期较长,有的需要几个月,杂志社想从严处理也于心不忍。

(3) 只要投稿在某个杂志成功发表或接受了,即使被其他个别杂志社严厉处罚,也没关系。反正木已成舟,自己也不会受到多大影响。

分析与讨论

1. 这种做法违反了伦理守则条款 7.11 "同一篇稿件或主要数据相同的稿件不得同时向多家期刊投稿"。即使收到第一份录用通知后马上从其他期刊撤稿,仍然属于一稿多投。

2. 一份稿件投稿到杂志社后,通常要经过三道审稿程序:编辑部内部初审,同行评议专家二审,编委会终审。一稿多投浪费了杂志编辑部和审稿专家的大量人力、物力;若被两家以上期刊发表,则可能导致知识产权纠纷。因此,各杂志社对于一稿多投都是深恶痛绝。

3. 各杂志社对一稿多投的处理方法,有的是将全部作者列入该刊黑名单,数年内不再接受这些作者的稿件,有的还将处理情况通报同行期刊以引起警惕,还有的将处理情况通报作者所在机构。若该机构出现类似情况较多,则会将该机构列入黑名单。

 案例 4　查重后被退稿的文章

一位心理师 5 年前曾经在 A 刊发表过一篇综述,其内容非常适合当下某个

领域的现状。为了强调该文观点，重新引起读者的重视，作者将该综述做了少量文字修改，向 B 刊投稿。他既未经 A 刊许可，也未向 B 刊说明其主要内容已经在 A 刊发表。B 刊收到稿件后，经查重，发现其主要内容已经在 A 刊发表，遂退稿。

请思考以下几个问题

1. 作者这种做法为何是违反伦理的？

2. 作者引用自己发表在其他期刊或著作中的部分内容时，是否需要注明资料来源？

3. 作者若将自己已经发表的英文论著译成中文，投往另外一个中文期刊，是否属于一稿多投？

分析与讨论

1. 这个案例违反了伦理守则条款 7.11。许多期刊在确定录用稿件之前，会与作者签订版权转让协议，转让的权利可能包括复制权、汇编权、翻译权等。若作者未获原出版者许可，将全文或文中重要内容再次投稿，不但违反伦理守则，还可能会违反《中华人民共和国著作权法》。

2. 作者引用自己发表在其他期刊或著作中的部分内容时，必须按照学术出版规范国家标准注明资料来源，原因同上。

3. 作者若将自己已经发表的英文论著译成中文，投往另外一个中文期刊，须经原出版者同意，否则属于一稿多投。

小　　结

科学研究是临床与咨询心理学健康发展的动力和源泉。心理师以人类为研究对象进行科学研究时，应该尊重人的基本权利(特别是安全)，遵守相关法律、法规、伦理准则以及人类科学研究的标准。研究开始之前，根据所在机构或地区的规定，可能需要提交伦理审查。除非符合免除知情同意的条件，否则没有知情同意，不应进行研究。研究的实施应该严格按照申报的方案进行。研究报告的撰写和发表应该遵守相关的规范。

思 考 题

1. 当研究方案涉及的法律、法规和伦理规范不一致时，应如何处理？
2. 研究的知情同意包括哪些内容？如何保证其真正落实？
3. 被试撤回知情同意需要符合一定的条件吗？
4. 撰写研究报告时，可否只写有意义的结果，不写无意义的结果？
5. 引用他人或自己的观点或资料时，应该注意什么？
6. 研究文章准备发表时，如何确定哪些人列入作者及作者排序，哪些人列入致谢？

参 考 文 献

钱铭怡，严俊，肖泽萍，等，2010. 德国的心理治疗培训和管理. 中国心理卫生杂志，24(2)：81-85.

维尔福，2010. 心理咨询与治疗伦理：第3版. 侯志瑾，李文希，珠玛，等译. 北京：世界图书出版公司北京公司.

张妞，张涛，徐菊华，2017. 中国医院伦理委员会发展的回顾与思考. 医学与哲学，38(11)：14-17.

中国心理学会，2018. 中国心理学会临床与咨询心理学工作伦理守则：第2版. 心理学报，50(11)：1314-1322.

ROTH A，FONAGY P，2005. What works for whom: a critical review of psychotherapy research. 2nd ed. New York: Guilford Publications，Inc.

POWELL R A，DIGDON N，HARRIS B，et al.，2014. Correcting the record on Watson, Rayner, and Little Albert: Albert Barger as "psychology's lost boy". American Psychologist，69(6)：600-611.

9

远程专业工作(网络/电话咨询)

远程专业工作是指通过网络、电话等电子媒介进行的非面对面的心理健康服务。进入 21 世纪,远程专业工作已经成为心理咨询与心理治疗行业不可或缺的重要途径。远程专业工作包括网络心理咨询和电话心理咨询,而电话咨询与网络心理咨询中的语音咨询相近。因此,本章主要讨论网络心理咨询的伦理议题,对规范远程专业工作的发展具有重要的推动作用。

第一节 网络心理咨询概述

我国网络心理咨询的发展极为特殊,主要表现在以下三个方面:其一,大众对网络心理咨询的概念存在误解,误以为互联网加上应用心理学开展的工作就是网络心理咨询;其二,网络心理咨询的开展处于缺乏监管的急速发展阶段,2004 年涉及心理咨询的网站共 80 个,到 2006 年年底以谷歌搜索引擎在中文范围内以"心理咨询网"为关键词搜索发现相关网站 330 个,删除无法访问或重复的,剩余 248 个(崔丽霞等,2007);其三,无论是对心理咨询网站还是入驻咨询师,专业协会都没有资格认证制度,甚至部分网络心理咨询从业人员尚不具备基本的面对面咨询的经验。

一、网络心理咨询的概念及类型

1. 网络心理咨询的概念

网络心理咨询是指咨询师与求助者运用电子邮件或网络文字、音频及视频等沟通方式,以特定专业咨询关系为基础的网络心理服务,帮助求助者解决心理困扰,促进自我成长(贾晓明,杨楠,2018)。

从基本概念来讲,网络加应用心理学开展相关工作并不等同于网络心理咨询。网络心理咨询是一种规范的专业化服务,从某种角度来说只是将面对面咨询移至网络进行,无论是单次还是连续性工作,无论是即时性还是非即时性,都建立在特定的专业关系基础上,最终目的是保证来访者获益,因此也要遵守严格的专业设置。

网络心理咨询包含心理咨询所有的专业要求,例如咨询师与来访者建立正式的一对一专业关系,双方要明确咨询目标,确定开始正式的求助过程。如果只是在论坛上发出的求助行为,不具有一对一的专业关系,或者没有签署咨询知情同意书明确双方开始了正式的咨询过程,都不是网络心理咨询。

此外,网络心理健康教育不是网络心理咨询,只是以达成面询为目的进行心理咨询介绍,虽然是以网络为媒介进行咨询相关工作,但不属于网络心理咨询。同样,网络支持团体以及网上自助团体也不是网络心理咨询。

2. 网络心理咨询的类型

网络心理咨询是与面对面心理咨询并列的另一种工作形式,只是以互联网为媒介,同样要遵守严格的专业设置。

网络心理咨询包括同步心理咨询和非同步心理咨询。其中,同步心理咨询即咨询师和来访者同时在线,包括文字咨询、音频咨询和视频咨询;非同步心理咨询即咨询师和来访者可以不同时在线,以留言的方式完成咨询过程,通常指电子邮件咨询。

二、网络心理咨询的专业设置

便捷性是网络心理咨询的优势,但也因为这一特点容易给咨询带来阻碍。网络心理咨询因为缺少了咨询室物理距离和特定空间的提示,咨询师和来访者双方都容易受到日常琐事的干扰,进入咨询状态会相对困难。在正式开始咨询之前,网络咨询师应该与来访者对咨询过程的投入问题进行专门的讨论。因此,网络心理咨询更应强调专业设置。

(1) 专用的联系方式。在进行网络心理咨询时，咨询师和来访者都应该申请咨询专用的联系方式。一方面有助于避免在咨询过程中受到社交好友的打扰，咨询双方可以尽快投入咨询状态；另一方面有助于咨询师和来访者维持界限，避免双方在咨询时间以外的接触。

(2) 选定的咨询时间要固定，且保证咨询双方精力充沛。经验表明，无论是咨询师还是来访者，越是经常更改咨询时间，越有可能出现遗忘现象，越不容易形成咨询联盟。

(3) 选择的咨询地点以安静、私密为基本原则。咨询环境稳定有利于咨询进程，咨询师和来访者双方都应尽可能选择固定的地点，经常变动咨询地点不仅容易分神，而且容易发生他人闯入的情况，造成干扰。

(4) 在咨询时双方都要保持全身心的投入。如同面对面咨询时一样，不做接听电话、与人聊天、吃东西、浏览网页等无关的事情，避免多任务操作，全神贯注地投入网络咨询。

(5) 后续咨询过程要坚守专业规范，咨询师或来访者如果有临时取消预约等变动事宜，最好通过所在咨询机构的接待员来协助联系。如果使用网络留言的方式，仅限于简单、必要的沟通。

作为咨询师，要遵守专业设置，确保在专业框架内开展工作，这在网络心理咨询中非常重要。例如有些来访者会以试验的心态进入网络咨询求助过程，缺少社会临场感，导致心理咨询机构及环境所带来的专业影响大打折扣，在一定程度上影响心理咨询专业服务的品质。

三、我国网络心理咨询的现状

为了呈现目前我国网络心理咨询专业服务领域的现实状况，我们以一个实证调查研究结果进行说明。

北京理工大学贾晓明教授团队对来访者的调查研究(贾晓明，杨楠，2018)涉及 434 名来访者，值得关注的调查结果包括：

(1) 35.9%受调查者使用 QQ、微信、ZOOM 等社交软件进行咨询。其中，

46.2%的咨询师未就网络咨询的保密原则与来访者进行讨论，57.0%的咨询师未与来访者讨论如果网络突然中断如何解决，14.1%的咨询师家人或其他人曾闯入网络视频镜头或其他网络空间，10.9%的咨询师用户名使用昵称，15.4%与真实姓名混用。

(2) 49.8%受调查者与咨询师互加微信、QQ好友。其中，24.1%为咨询师主动发起用于预约或直接咨询；在来访者主动发起的情况下，45.7%为有问题想随时问、23.2%为想了解咨询师。咨询师与来访者互加好友后，63.9%的来访者对咨询师发布的信息有过点赞、评论或转发，31.3%的来访者在咨询时间以外联系咨询师求助或倾诉。

(3) 44.2%受调查者通过咨询师的微博、微信、知乎账号等个人社交媒体了解咨询师的相关信息。其中30%～40%的来访者看到过咨询师发布的私人信息，25%的来访者看到过咨询师以前的来访者的信息。10.9%～18.7%的来访者看到了令其感到失望、愤怒、不信任的内容。52.1%的来访者观看过咨询师微课，31.1%的来访者与咨询师同处一个微信群，但92%的来访者并未和咨询师讨论过相关议题。

通过以上的实证调查结果可以看出，无论是专业人员还是社会公众，在一定程度上都对网络心理咨询有误解。研究结果显示，网络心理咨询师对保密、网络突然中断如何解决等网络咨询特有的问题没有与来访者讨论，甚至出现咨询师家人或其他人闯入视频镜头或其他网络空间等情况，而来访者与咨询师互加微信、QQ好友等导致的多重关系问题也没有受到足够重视，更突显了设置网络咨询伦理规范的重要性。

网络心理咨询实践的飞速发展和急剧扩张极大地推动了对网络心理咨询职业伦理的研究，反过来网络心理咨询伦理的制定以及实施又极大地促进了网络心理咨询的专业化发展。

第二节 网络心理咨询伦理及远程专业工作一章伦理条款解读

网络心理咨询是一个新兴的服务领域。网络心理咨询并不适合新手咨询师,并不是所有人都可以胜任网络心理咨询,能够胜任面对面咨询并不表示一定能够胜任网络心理咨询。咨询师需要接受专门的培训,具备专门的能力才可以胜任网络心理咨询。

一、网络心理咨询师的专业胜任力

具备专业胜任力是心理咨询师最基本、最重要的伦理责任,对于网络心理咨询师也不例外。网络心理咨询虽然从本质上看仍然是心理咨询,但是当沟通方式从面对面变为以网络为中介后,网络心理咨询显现出独特的咨询进程。因此,网络心理咨询师首先要胜任面对面心理咨询,同时还要特别强调即使胜任面对面咨询的咨询师,如果要从事网络咨询也必须完成专门针对网络咨询的基础知识学习,参加专业培训。

对于网络心理咨询师而言,需要掌握的技能包括两大类。一类是临床技能,即将心理咨询的基本技术通过网络媒介应用于来访者,使其产生助人效果;另一类是使用计算机和网络的技能,即保障计算机和网络正常运行,使网络咨询的过程顺畅进行。

敬业是指咨询师将来访者的需求视为首位,并倾尽全力帮助来访者(Griffiths,2001)。对于心理咨询师来说,敬业意味着愿意不遗余力地帮助来访者,并为之改进专业技能,最大限度地使来访者获益。始终保持专注、不断提升专业能力,愿意付出额外的精力进行阅读、研究或向同行请教。

二、网络心理咨询专业关系中的伦理议题

1. 建立信任的咨询关系

信任的咨询关系对心理咨询的重要性毋庸置疑,网络心理咨询是以虚拟的

网络为媒介发生的咨询过程，咨询师与来访者双方都可以虚拟身份登录，如何保证真实的咨询关系是网络心理咨询特殊的议题。网络心理咨询是一种非面对面的咨询方式，来访者不能确定咨询师的真实身份，同样咨询师也无法确认来访者的身份和信息；从专业角度来讲咨询师必须以真实身份出现，而来访者也必须提供必要的真实信息，这是双方建立信任关系的前提条件。

站在来访者的角度上来讲，明确感受到自己在与一个真实的个体建立咨询关系是非常重要的。网络心理咨询师应该有一个公布个人信息和网络心理咨询相关文件的网页以证实咨询师的真实身份，方便来访者查询咨询师的教育背景、受训经历和资格证书等信息，最好还要有咨询师资格认定协会的网站查询链接。

匿名性是网络心理咨询的一大优势，特别是对于那些不愿意表露个人隐私或问题比较敏感的来访者而言，隐藏自己的身份与个人信息可以增强其自我表达的安全性，沟通起来更直接、更放松，促使来访者有较高水平的自我卷入。对有些来访者而言，匿名性成为一项重要的安全保障与鼓励因素，也就是说如果非要见面的话他们很可能放弃求助。尽管如此，在网络心理咨询过程中仍然需要确认来访者的身份(Kraus，2004)。只有双方对彼此的身份都确认过，才可以有效避免双重关系，任何一方保持匿名都做不到这一点。同时，这也是保护来访者安全的需要，特别是来访者处于危机状况或者来访者是未成年人，咨询师有时需要联系来访者的监护人或家属、医疗机构等，所以咨询师必须知道来访者真实的联系方式。

同时，因为网络咨询师或来访者不易确认对方的身份，咨询师还应该与来访者事先商定双方相互验证身份的方法，以避免冒名顶替的状况。例如咨访双方可以事先约定使用暗语、数字或图形等形式以便于双方辨认。

8.4 心理师通过网络/电话与寻求专业服务者互动并提供专业服务时，应全程验证后者真实身份，确保对方是与自己达成协议的对象。心理师应提供专业资质和专业认证机构的电子链接，并确认电子链接的有效性以保障寻求专业服务者的权利。

2. 保持专业界限

网络已经融入我们的现实生活，我们对于网络留言、网络社交等行为早已习以为常，这种习惯极易渗透到网络咨询中。与来访者在网络上保持专业界限非常重要，这也是避免双重关系所需要的。

在网络心理咨询中，咨询师和来访者常常以互加好友的方式预约咨询，或者直接作为咨询的媒介。虽然咨询师与来访者经由网络平台以留言的方式请假或告知时间变动等事宜很方便，但仅仅限定在时间调整方面的简单沟通，咨询师与来访者还是只在预约的咨询时间进行咨询。从专业的角度来讲，如果来访者经常给咨询师留言，咨询师就要思考来访者留言这一行为背后的心理学意义。如同面询一样，不是来访者想要与咨询师联系、见面就能随时联系上、见到面，这种等待(专业设置)对来访者咨询效果的产生是非常有意义的。

咨询师的专业身份和个人生活要分开。在网络时代，咨询师与来访者之间的界限更模糊。咨询师应注意在个人社交媒体上所暴露的内容、开放的范围以及个人私密性，注意网络环境中的专业声誉和专业形象。

> 8.5 心理师应明白与寻求专业服务者保持专业关系的必要性。心理师应与后者讨论并建立专业界限。寻求专业服务者或心理师认为远程专业工作无效时，心理师应考虑采用面对面服务形式。如果心理师无法提供面对面服务，应帮助对方转介。

三、网络心理咨询的知情同意

由于网络心理咨询的特殊性，来访者有权利充分知情。相应地，网络心理咨询师有告知责任，以保证来访者的知情同意权。

1. 网络心理咨询师的告知责任

网络心理咨询师在咨询前应该将网络心理咨询的相关特性以及可能出现的问题告知来访者，澄清来访者的疑惑，知会来访者对于安全性等特殊风险的规避方法，在来访者知情同意的情况下开展网络心理咨询实践。

网络心理咨询师要充分了解网络心理咨询的优势与不足，告知网络咨询本身存在的益处以及可能的风险，有责任为来访者提供充分而专业的信息，确保来访者在知情同意的情况下选择网络心理咨询。对于那些不适合网络咨询的来访者，咨询师有责任与来访者讨论其他求助方式，并明确提出专业建议。

在咨询最初阶段，关于网络咨询的收费方式等专业设置问题，咨询师必须要告知来访者，特别是咨询师应与来访者讨论在咨询时间以外如果有紧急或突发事件如何联络事宜，要告知来访者具体的联系方式以及需要等待的期限，同时还要告诉来访者出现紧急状况时的线下联络方式。

此外，为了确保维护来访者的权益，咨询师有义务告诉来访者验证咨询师从业资格的途径和方法，以及遇到问题时反映问题及投诉的渠道。

2. 签署知情同意书

在网络心理咨询中签署知情同意书同样是必须的环节。网络心理咨询知情同意书通常应包括以下主要内容：明确提供服务的网络咨询师的服务性质；公示网络咨询师的学位证书和执业资格；承认网络咨询试验性的本质；来访者需要提供身份和住址证明；警示保密性方面的局限和例外；提出提高网络安全性的建议；告知通常情况下咨询师回复邮件的期限以及来访者返回邮件的期限，同时有必要让来访者知道如果在一定的时限内得不到回复的处理方法；告知来访者反映问题或投诉的渠道和方式，提供有关协会或部门办公室的电话号码和地址(Regusea，Vandecreek，2003)。在知情同意书中必须明确网络心理咨询的保密性以及例外情况。当来访者出现自我伤害或伤害他人的危险时，咨询的保密性同样会被突破，网络咨询师有预警与保护的责任。

> 8.1 心理师通过网络/电话提供专业服务时，除了常规知情同意外，还需要帮助寻求专业服务者了解并同意下列信息：(1)远程服务所在的地理位置、时差和联系信息；(2)远程专业工作的益处、局限和潜在风险；(3)发生技术故障的可能性及处理方案；(4)无法联系到心理师时的应急程序。

在初次咨询前，网络心理咨询师有责任向来访者澄清与咨询有关的疑惑，在此基础上请来访者签署知情同意书。有专家建议，网络心理咨询的初次咨询宜采取面询形式，可以当面签署知情同意书，同时也有利于咨询师确认来访者身份并对来访者进行评估。如果因地域、身体原因等不方便面询，可请来访者签署文件后将扫描件或照片发给咨询师，也有专业人士提出为确保万无一失可将签字过程拍摄短视频留存为证。

四、网络心理咨询的保密问题及保密例外

心理咨询对保密有特殊的要求，而网络世界没有绝对的秘密可言，这对于网络心理咨询来讲是一个无法回避的难题。作为网络心理咨询师，为了保护来访者的利益，应对网络安全性有足够的重视。

1. 关于网络安全问题

网络安全问题是网络心理咨询无法回避的难题，计算机病毒、黑客等可能造成数据被侵入或被破坏，并且我国尚没有安全性、私密性相对较高的专业的心理咨询专属平台，在一定程度上阻碍了网络心理咨询的发展。

咨询师在告知来访者有关网络安全隐患的同时，必须采取适当的安全措施。应保护工作使用的计算机免受病毒侵害，对计算机加设防火墙，定期检测病毒，可通过密码保护计算机、硬盘、存储的文件及通信网站，在必要时协助寻求专业服务者下载相关软件。咨询师要特别提醒来访者不要在他人电脑或公共电脑上接受网络咨询，警示来访者网络的安全性限制、出现技术性失误的可能性，并告知保密方面的潜在风险以及应对措施。

对于网络本身的保密性问题以及由此带来的可能影响，必须在知情同意书中声明，而且咨询师要就此议题和来访者展开专门的讨论，确保相关事项没有被来访者忽略并引起高度重视。当来访者在充分知情同意的情况下选择接受网络心理咨询，就视为来访者同意承担因网络安全可能带来的潜在风险。

尽管如此，如果来访者谈及特别私密的议题，而且来访者对泄密隐患存在忧虑，咨询师有必要再次提醒来访者网络的安全性问题，来访者有权决定是否继续进行网络心理咨询。

2. 对网络咨询记录的保护措施

大多数通过网络交流的信息，包括邮件、网站等，都有可能被系统管理员看到。如果不是通过加密或安全网站传送文件，很可能会被第三方截获，即使是加密或安全网站上的通信，也可能会被电脑黑客解码。尽管如此，咨询师还是要尽可能通过细致的专业工作最大限度地保护来访者的利益。

为了最大限度地减少信息泄露，咨询师应提供相对安全的咨询网站和加密软件，坚决避免使用一些不安全的商业性质的互联网站点，要使用专用计算机进行咨询，并设置计算机密码，避免使用移动电话进行网络咨询。

咨询师要告诉来访者有权限接触到咨询网络平台的相关人员，咨询师或咨询机构如何保存咨询资料、保存多久以及处理方式等信息。咨询师有伦理上的责任确保不泄露来访者的咨询信息。在确实需要与其他网络咨询机构分享来访者的有关资料时，必须遵循符合专业伦理的信息透露程序，同时必须采取必要的措施以确保咨询资料的安全。

网络咨询师除了自己严守保密原则之外，还有责任预警来访者保护隐私，包括如何确认双方身份、设置密码以及资料加密等，告知网络安全的重要性及应对措施等。

> 8.2 心理师应告知寻求专业服务者电子记录和远程服务过程在网络传输中保密的局限性，告知寻求专业服务者相关人员（同事、督导、个案管理者、信息技术员）有无权限接触这些记录和咨询过程。心理师应采取合理预防措施（例如设置用户开机密码、网站密码、咨询记录文档密码等）以保证信息传递和保存过程中的安全性。

3. 对来访者的指导和教育

关于网络心理咨询的保密性，咨询师和来访者都有责任。虽然网络的安全性非咨询师所能控制，但是咨询师作为专业人员负有更大的责任，同时还有责任对来访者进行知情同意和教育。

(1) 咨询师有责任告知来访者有关网络的安全隐患、潜在风险以及应对措施等，获得知情同意，提醒来访者重视自己知情同意的权利，即享有自我决定权。

(2) 提醒来访者不录音、不录像，如果来访者提出此方面要求，则须就此讨论，双方达成共识。

4. 第三方预警与举报

当来访者可能出现自我伤害或伤害他人的情况时，如果来访者为匿名或身处异地，预警和举报工作会相当困难，甚至难以执行，这是网络心理咨询服务必须要面对的问题。

> 8.3 心理师远程工作时须确认寻求专业服务者真实身份及联系信息，也需确认双方具体地理位置和紧急联系人信息，以确保后者出现危机状况时可有效采取保护措施。

(1) 在进入网络心理咨询之前，咨询师要特别注意进行风险性评估。如果发现来访者存在危机，则该名来访者不适宜网络心理咨询。

(2) 在网络咨询过程中，咨询师要注意保持敏感性，当察觉到来访者有出现危机的潜在可能性，应搜集尽量完整的资料以评估危机发生的风险程度。

(3) 网络咨询师应敏锐地察觉来访者的自杀倾向，有责任保护有自伤倾向的来访者，严肃对待来访者的求救信号。

(4) 一旦确认可能发生危机，网络咨询师要在第一时间与相关专业组织取得联系，应至少联系到来访者所在地的一位咨询师，取得该咨询师同意，必要时担任来访者的就近求援对象，同时也要为来访者提供其附近地区的危机干预热线号码。

在极其特殊的情况下，如果发现求助网络咨询的来访者匿名同时又处于非常危险的状态中，根据善行的要求，咨询师不能置之不理，有责任联系警方和网络供应商以追踪来访者的 IP 地址，尽最大努力阻止危机的发生。

第三节　典型案例分析

远程专业工作既有一般咨询的特点，需要遵循面对面咨询的规律及规则；也有网络咨询的特殊性，需要遵循网络咨询的特定规则及伦理行事。本节所讲案例将重点突出网络咨询特点，并对相应的伦理问题进行专门的讨论与分析。

案例 1　对青少年的网络咨询

咨询师小汪在某高校心理咨询中心工作，同时兼职以网络视频形式做个体咨询。中学生小丁(男，14 岁)常与母亲发生冲突，母亲感到束手无策，于是想通过心理咨询劝解小丁好好学习。经朋友介绍找到小汪，在与母子接触并由母亲签署知情同意书后，小汪开始与小丁做网络心理咨询。在咨询过程中小汪发现，小丁在父母离异后由母亲抚养，母亲对小丁的生活照顾事无巨细，但小丁对母亲的控制越来越感到不满，与母亲冲突后情绪不稳定，甚至有用刀片划伤胳膊的行为，对此母亲并不知情。尽管咨询师在咨询前已经和小丁母亲告知专业设置相关问题，但每次咨询结束小丁母亲仍会发来大段留言，令咨询师非常烦恼。

请思考以下问题

1. 小汪同意接受小丁进行网络咨询，做出这一决定的依据是什么？
2. 小汪在咨询中了解到小丁有自伤行为，但母亲并不知情，要如何处理？
3. 小丁的母亲在咨询结束以后发来大段留言，咨询师如何应对？
4. 小汪在咨询中发现小丁出现了自伤行为，还适合继续做网络咨询吗？

分析与讨论

这个案例涉及以下几个需要思考的问题：

首先，咨询师是否具备足够的专业胜任力。伦理守则条款 4.1 规定，心理师应在专业能力范围内，根据自己所接受的教育、培训和督导的经历和工作经验，为适宜人群提供科学有效的专业服务。咨询师小汪擅长的服务对象是大学生群体，对中学生即年龄更小的未成年人的咨询是否具备良好的胜任力？是否熟悉与未成年人相关的法律以及伦理规范？伦理守则第8章"远程专业工作伦理"规定，寻求专业服务者有权选择是否在接受专业服务时使用网络/电话咨询，咨询师决定接待小丁做网络咨询前，是否与小丁及其母亲讨论过网络心理咨询的利弊，选择网络咨询而不是面对面咨询的原因是什么？

其次，伦理守则条款2.1规定，心理师应确保寻求专业服务者了解自己与寻求专业服务者双方的权利、责任，明确介绍收费设置，告知寻求专业服务者享有的保密权利、保密例外情况以及保密界限。在咨询前，由于小丁是未成年人，确实要由母亲作为监护人签署知情同意书。作为来访者，小丁对咨询的态度也是非常重要的，小丁对咨询的知情同意直接影响咨询关系的建立以及咨询的效果。小丁虽然是未成年人，但并不是在咨询中讲到的所有事情都要告诉监护人，除非涉及危机等特殊情况，就此应与小丁母亲达成一致。

最后，目前发现来访者有自伤行为且母亲并不知情，要引起咨询师的高度重视。伦理守则条款8.3规定，心理师远程工作时需确认寻求专业服务者真实身份及联系信息，也需确认双方具体地理位置和紧急联系人信息，以确保后者出现危机状况时可有效采取保护措施。咨询师要对小丁进行充分的危险性评估，以决定是否适合继续做网络心理咨询，必要时要转为面对面咨询，如果咨询师无法提供面询，要安排好转介。同时，小丁作为未成年人，出现自伤行为，要与他讨论保密的限制，在知情同意的情况下与小丁母亲或小丁信任的监护人进行讨论。

特别值得咨询师注意的是，来访者小丁作为未成年人，网络心理咨询是不是最适合的服务形式，如果通过网络提供心理咨询服务有哪些需要注意的问题，需要与来访者进行充分讨论。

 案例2　前来做自我体验的咨询师

咨询师季某在某心理平台接待来访者小汤做网络咨询，后来得知其实小汤是咨询师，预约咨询是希望做自我体验。咨询一段时间以后，季某发现和小汤同在一个咨询师专业学习的微信群里，而且小汤还经常浏览自己的微博，包括报名参加自己开设的微信课程。季某觉得只要自己不主动和小汤在咨询以外的空间打招呼就没有问题，小汤也没有在咨询中提到这些事。

作为咨询师，季某要与小汤在咨询中就同在一个微信群进行讨论吗？

请思考以下问题

1. 你觉得季某和小汤之间存在多重关系吗？
2. 小汤在咨询时间以外对咨询师季某的关注，会影响咨询效果吗？
3. 咨询师季某要和小汤讨论专业界限的问题吗？

分析与讨论

在这个案例中涉及以下几个问题：

伦理守则条款 1.7 规定，心理师要清楚了解多重关系(例如与寻求专业服务者发展家庭、社交、经济、商业或其他密切的个人关系)对专业判断可能造成的不利影响及损害寻求专业服务者福祉的潜在危险，尽可能避免与后者发生多重关系。双重关系问题在网络咨询中同样应该避免，而且通常会更加隐匿，不容易辨识。

伦理守则条款 8.5 规定，心理师应明白与寻求专业服务者保持专业关系的必要性，心理师应与后者讨论并建立专业界限。尽管在此案例中，咨询师并未主动与来访者在咨询时间以外发生联系，但来访者与咨询师共处同一微信群、去浏览咨询师的微博以及参加咨询师的微课，都值得关注，需要与来访者讨论，以便及时清楚地界定双方的界限，做出恰当的专业应对。如果咨询师对于已经发生的问题视而不见，或者有意回避，势必影响咨询关系以及咨询进程。

小　　结

网络心理咨询有适用的服务人群以及适合解决的问题类型。匿名性和便捷性是网络心理咨询的两大特色，但也因此不可避免地会给咨询关系带来一定影响。网络心理咨询师需要具备专门的专业胜任力，包括知识、技能和敬业精神。其中，技能包含临床技能和使用计算机及网络的技能。出于保护来访者利益的需要，网络心理咨询师对网络安全与保密性的考虑应引起足够的重视，同时也有责任预警来访者加强保护措施。如果初始的访谈评估发现来访者属于危机个案，应与来访者充分讨论寻求面对面心理咨询的重要性和必要性，并介绍专业资源进行面对面咨询。如果是在网络心理咨询过程中发现来访者出现危机状况,要进行充分的危险性评估,必要时转为线下紧急干预。

思 考 题

1. 咨询师胜任面对面心理咨询,是否一定能够胜任网络心理咨询?
2. 作为提供网络心理咨询的咨询师,如何避免双重关系?
3. 作为提供网络心理咨询的咨询师,如何与来访者讨论网络安全性问题?
4. 在网络心理咨询过程中,咨询师发现来访者出现危机应如何应对?
5. 在网络心理咨询期间,咨询师对来访者在非咨询时段的留言要回复吗?
6. 如果咨询师发现来访者是未成年人,应如何处理?

参 考 文 献

崔丽霞,郑日昌,滕秀杰,等,2007. 网络心理咨询职业伦理研究概况及展望. 中国心理卫生杂志, 21(7): 510-512.

贾晓明,杨楠,2018. 咨询师使用社交媒体的伦理议题. 中国心理卫生杂志, 32(4): 265-270.

GRIFFITHS M, 2001. Online therapy: a cause for concern? Psychologist, 14 (5): 244-248.

KRAUS R, 2004. Ethical and legal consideration for providers of mental health services online//Online counseling: a handbook for mental health professionals. San Diego, USA: Academic Press.

REGUSEA A, VANDECREEK L, 2003. Suggestions for the ethical practice of online psychotherapy. Psychotherapy: Theory, Research, Practice, Training, 40: 94-102.

10

媒体沟通与合作

当今，由于科技的推动，以互联网为媒介的新媒体飞速发展，并与传统媒体一道，影响着我们生活的方方面面。因此，很多的心理咨询与心理治疗专业工作，也常常要借助于传媒，起到宣传普及的作用。同样，传媒也常常邀请心理学专业人员加入，提供重要的素材，达到其传播目的。

然而，媒体传播有其自身的一些特点，也有其需要遵守的伦理规范。当我们将心理咨询与心理治疗专业工作与传媒结合起来的时候，不仅要关注两者结合之后可能产生的巨大影响，同时还必须注意两种职业伦理之间的碰撞与协调。

第一节　理解媒介伦理与心理咨询专业伦理

媒介伦理是指职业传播者在他们的行为可能对他人产生消极影响的情况下，应该如何行动的指导方针或者道德的规则(斯特劳巴哈，拉罗斯，2002)。媒介伦理和心理咨询与治疗专业伦理的基本前提是一致的，认为任何人都享有隐私权。但由于媒介伦理更强调公众的知情权，因此与心理咨询与治疗专业伦理存在两点重要的区别：第一，媒介伦理认为在某些情况下，个人隐私要让位于公共的利益或知情权；第二，媒介伦理通常认为不同身份的人，个人隐私有级别上的差异。心理咨询与治疗专业服务关系建立的前提之一就是为来访者保守秘密，此专业伦理认为，除了几种"保密例外"的情况，任何人的隐私权利都应当受到保护，并不因身份等存在差异。

首先，媒介伦理认可不论是普通人还是公众人物，都享有个人隐私不被侵犯的权利，但当个人隐私与公共利益有关时，其隐私受保护的范围就要缩小(牛静，刘丹，2017)。也就是说，如果披露一起事件可以大大促进公共福祉，所带来的利益远远大于个人信息披露对新闻当事人所造成的伤害，而这些信息又不属于新闻当事人的绝对隐私，那么，即使不情愿，当事人也不得不为保护公共利益让渡自己的部分个人隐私(周海燕，2015)。而这与我们的伦理守则中关于保密例外的条款内容是不一致的。

其次，有研究者认为，基于对人格尊严、自我保护能力和修复能力，以及公共利益的考量，并从性别、年龄和职业等多个维度进行扩展，可以对隐私主体进行分级，隐私主体受保护级别由低到高依次排列是：男性政客＜女性政客＜男性明星＜女性明星＜男性社会活动家＜女性社会活动家＜男性公共知识分子＜女性公共知识分子＜男性普通职业者＜女性普通职业者＜男性老人(60岁以上)＜女性老人(60岁以上)＜男孩(0~14岁)＜女孩(0~14岁)(王敏，2018)。这样的划分，就与伦理守则中的"公正""尊重"的总则有一定的差异。

由此，我们发现媒介伦理和心理咨询与治疗专业伦理，由于各自工作目的的不同，存在一定的差异。媒介伦理更多偏向于公众的知情权和维护公共利益，而心理咨询与治疗专业伦理更偏向于保护寻求专业服务者本身。

当然，两者之间并不是绝对不同的，即使是在媒介传播领域内部，专业人员也努力在个人权益与公共利益之间寻求一个恰当的平衡。例如有观点认为媒体完全可以直接使用自然人自行在网络上公开的个人信息，这并不会构成侵权(陈堂发，2015)。更多的观点认为，要设身处地为新闻报道对象以及相关的人着想，不能笼统地说在社交媒体上发表，就视为接受采访。这其实就与我们的伦理守则中关于知情同意的考量是一致的。

同样，有一些观点主张要关注事故、关注灾难，可以对遇难者的个人背景和生平进行报道，从而让公众从悲剧中吸取教训；这也是为了唤醒良知，使责任者受到惩处，使无辜者得到救助(张欧亚，2015)。另有观点质疑灾难报道的目的是追求新闻价值还是噱头，报道是否体现人文关怀，是否会给遇难者及其家人造成二次伤害。这就与我们的伦理守则中"善行""责任"两大总则有着异曲同工之处。

随着媒体行为的迅速发展，对专业知识的需求也日益扩大。一方面，心理学专业人员常常会受到媒体的邀约，以"专家"或"嘉宾"的身份，参加一些媒体活动，介绍与普及相关知识。另一方面，有不少心理学工作者也做出了大胆的尝试，借助于新媒介的手段更广泛地传播心理学知识，进行心理教育。

因此，伦理守则第二版特别增加了心理咨询与治疗专业人员在与媒体沟通中的行为的有关伦理条款，为此类行为建立基本伦理规范，试图在心理学，特别是心理咨询与心理治疗专业工作与媒体传播之间寻找一种平衡。

第二节 媒体沟通与合作一章伦理条款及其应用

正如我们在前面的章节中看到的那样，心理学专业服务的类型很多，心理咨询与治疗也有很多不同的形式。心理师在选择与媒体合作的过程中，需要充分考虑即将开展的专业活动，是否适合通过媒体传播。也就是一个"能不能"的问题。

"能不能"包含两个层面的意思：其一，心理咨询专业人员自身能不能做某件事，即是否有能力做；其二，能不能对服务对象做这件事，即该行为是否恰当。

一、专业人员是否有能力做

作为心理咨询专业人员，我们首先要评估媒体制作方邀约我们进行的专业活动，是否在自己的专业能力范围之内。例如如果有一个"侦探"类的媒体节目，需要心理咨询专业人员根据当事人在参与活动过程中的种种行为反应，对其心理状态进行分析与"揭秘"。那么可能一位普通的心理咨询师是无法胜任这个工作的，即使是所谓的"测谎专家"也未必能够胜任。

因为测谎其实有很多不同的技术，有的是测量被测者微小的行动反应和表情变化，有的是测量皮肤电活动，还有的是直接测量被测者的脑电活动。所以可能只有专门研究微反应的专业人员，才有可能完成节目组的这个"专家任务"。

然而，影响人心理的因素太多了，而且也并不总是会表现出来，所以即使是研究微反应方面的专家，也未必一定能胜任这个工作。

因此，伦理守则条款9.2，对与媒体合作的专业人员的胜任力做出了规定。

> 9.2 心理师应在专业胜任力范围内，根据自己的教育、培训和督导经历、工作经验与媒体合作，为不同人群提供适宜而有效的专业服务。

不仅是测谎，包括心理咨询与治疗、专业培训在内的多种心理工作，都存在专业胜任力的问题。前文已经多次提到过，我们在这里就不重复了。需要提醒的是，请注意由于传播媒体的性质所带来的一些问题。

例如，通常来说由于传播的需要，媒体往往并不能展示长时间的咨询过程，因此，可能有些需要进行长程咨询处理的议题，未必适合在媒体上呈现。否则要么可能会由于节目制作时间的限制，并不能使当事人真正受益；要么会过度剪辑，只呈现部分片段，反而引起大众对咨询专业工作的误解。对心理咨询工作不太了解的人，常常会将媒体呈现的内容当作"标准"。而当其发现真正的心理咨询专业工作与这个"标准"不太一致的时候，往往会觉得不专业、不够好。这其实会对我们整个行业带来不利影响。

因此，心理咨询专业人员在选择媒体进行合作，或通过媒体工作时，需要根据自身的专业胜任力，选择恰当的内容与形式。要让媒体成为我们宣传与普及心理咨询知识的渠道，而不是反过来成为歪曲与误解心理咨询工作的源头。

二、专业人员的行为是否恰当

伦理守则条款9.1明确提出心理师及其所在机构在与媒体合作时应做充分沟通，在专业方面明确需要遵守的专业伦理规范。条款9.4还对保护来访者隐私做出了清楚的规定。

> 9.4 心理师应与拟合作媒体就如何保护寻求专业服务者个人隐私商讨保密事宜,包括保密限制条件以及对寻求专业服务者信息的备案、利用、销毁等,并将有关设置告知寻求专业服务者,并告知其媒体传播后可能带来的影响,由其决定是否同意在媒体上自我暴露、是否签署相关协议。

在与媒体合作时,心理咨询专业人员一定要注意区分我们前面提到的,媒介伦理和心理咨询与治疗专业伦理的差异。

 案例1 网络媒体宣传中的保密议题

某公众人物长期在咨询师小江处做心理咨询。小江一直遵循保密原则,从未向任何人透露过这件事情。近日,这位公众人物为了更好地唤起公众对于心理健康的关注,主动找到一家网络媒体,希望进行一些公益宣传,并透露了自己就是心理咨询的受益者。该媒体在得知后,觉得如果能够将其心理咨询过程中的一些细节公布出来,一定能引起轰动,有极好的宣传效果。该公众人物觉得很有道理,就和媒体制作人一起来找小江商量,询问小江能否提供一些资料。

小江有些犹豫,按理说当事人自己已经同意了,但这些本该保密的材料能够放到网络上去吗?

分析与讨论

虽然作为公众人物,常常暴露在公众视野之下,私人生活也很可能成为各类新闻的重要组成部分。但这并不代表他们就没有隐私权,更不代表成为公众人物就要放弃隐私权。

尽管媒体伦理有时认为公众人物的隐私权是受限的,尤其是在对公众有益的时候,但心理咨询与治疗专业伦理明确提出任何人都享有对其个人的与公共利益无关的个人信息、私人活动和私有领域进行支配的权利,并不因其身份不同而存在差异。

因此,即使是录制节目,作为公众人物同样享有隐私权,他们有权决定哪些信息可以暴露给他人,哪些不可以。尤其是与内心世界有关的信息,是个人更加私密的内容，需要倍加关注与尊重，以免给当事人带来损害。

无论是公众人物还是普通人，即使是在传播媒体上，个人隐私权等利益，应该得到同等的尊重与保护，同样需要有知情同意。关于这一点，包括保密限制，对隐私信息的保护、使用、知情同意等，我们在前面的章节中已经说得非常详细了，这里不再赘述。在此，我们要特别强调另一个容易被忽略的重要问题，就是媒体传播的特殊性。

媒体传播不同于普通的人际传播，其传播的速度、覆盖的广度、影响的程度，往往是我们难以想象的。特别是当下的互联网传播，由于在传播过程中有很强的互动性和匿名性，在传统的媒体传播共同特性的基础上，还增加了新的特点。

第一，易失真。网络传播是双向互动的，在传播过程中，受众很可能将自己的理解与加工附加在信息之上。因此，随着信息的大范围扩散，失真的可能性也大大提高，流言与谣言也可能会随之产生。

第二，易失控。网络传播常常是匿名的，再加上互动的特点，往往容易出现比较偏激，甚至是带有很强攻击性的观点，这就对当事人造成了很大的威胁。而且由于网络传播很难控制，一旦扩散并持续发酵，很容易发展成为会使当事人受到巨大伤害的网络暴力事件。

因此，如果我们与寻求专业服务者的工作，在通过媒体传播的过程中，哪怕存在一点小小疏漏，经由网络传播推波助澜，很可能带来意想不到的伤害。就如同本案例中，即使小江公布的该公众人物的咨询资料是客观、积极的，也很可能在传播过程中被人断章取义。一经发酵，很容易给小江或该公众人物带来不必要的麻烦，甚至是不可预料的伤害。近几年频发的"明星心理分析曝光"、粉丝集体进行网络攻击等事件，都对我们有非常重要的警示作用。

因此，伦理守则除了强调专业人员对寻求专业服务者个人隐私信息的保护之外，条款9.4还特别指出，专业人员要"将有关设置告知寻求专业服务者，并告知其媒体传播后可能带来的影响，由其决定是否同意在媒体上自我暴露、是否签署相关协议"。

即使是常常暴露在公众之下的公众人物，也未必能够完全了解媒体传播可能造成的影响，更不要说那些很少接触媒体的普通人了。因此，专业人员一定要清楚、细致、全面地向当事人介绍媒体传播的特性，不仅要用通俗易懂地方式向其说明可能带来的影响，而且专业人员自己也可有一些预判和衡量。

特别是有些当事人可能在没有充分了解媒体传播的影响程度的情况下，已经签署了知情同意书。此时，专业人员可能还是要对其进行仔细、耐心地提醒和说明，帮助其充分知晓、明确了解、全面考虑媒体传播的特性与可能的影响之后，再由其决定是否要签署知情同意书。

对专业人员而言即使是来访者自己签署了此类知情同意书，当心理师对将要制作的录音、录像等节目的情况进行评估之后，认为会给来访者个人带来负面影响，给专业领域的声誉带来不利影响，均可以拒绝提供有关信息或素材，遵循专业伦理的要求行事。

第三节 应用伦理守则理解媒体传播中的心理服务对象

一般来说，心理咨询专业人员与媒体合作最常见的一种方式，是受邀参与媒体的节目制作。在此类活动中，除了作为邀请方的媒体、心理咨询专业人员之外，通常还有其他参与节目的嘉宾，即所谓的"素人"(普通人)或艺人。而心理咨询专业人员受邀，往往就是要对嘉宾在节目中的表现进行解释与分析，甚至进行类似心理辅导、心理教育等专业工作。

有时候为了节目的观赏性、传播效果、教育意义等，制作方可能会对心理咨询专业人员的专业工作提出一些要求，但如果这些要求有可能会对第三方当事人带来损害，就会引发矛盾。

 案例2　真人秀类节目中的伦理议题

小伊是一位本地小有名气的心理咨询师，他受邀请参加了某卫视频道制作的一档艺人真人秀节目。在录制过程中，节目制作方不光希望小伊在节目最后做一些知识的介绍，还希望他直接在节目中帮助观众解读几位参与节目的当红艺人在节目中失误行为背后的心理机制,从而引发节目的爆点,极大地提高节目的收视率。

这个时候作为心理咨询专业人员的小伊应该怎么做?其行为的依据又是什么?

分析与讨论

这个时候,我们首先一定要明确,心理咨询专业人员、传播媒体、当事人三方是共同进行工作的。在这种情况下,我们需要确认以下几个问题。

1. 谁是服务对象、谁是提供服务的人?

尽管看起来似乎小伊和艺人们都是被邀请来共同参与这个电视节目的录制,共同为媒体节目服务。但就本质而言,这个节目的录制,是以艺人参与活动为拍摄素材,通过向大众展现艺人的各种行为与活动,来使媒体制作方获益。因此在本案例中,被邀请的艺人,即节目中的当事人,才是服务的对象,而媒体制作方是提供服务的人,服务的内容就是展示当事人的某种活动。

同样的道理,心理咨询师小伊看上去是被制作方邀请,完成节目中的一个环节。但就工作性质而言,在各种节目中,心理咨询专业人员还是在分析当事人的活动、行为等背后的心理状态,甚至可能还需要借此帮助参与的当事人,让他们得到一些心理上的获益。所以,被邀请参与的当事人同时也是服务的对象,而心理咨询专业人员则是提供服务的人,服务内容是解释、分析当事人的心理状态,或者为他们提供心理上的帮助等。在本案例中,小伊便是为艺人服务的。

2. 谁的需求最重要?

当我们明确了在节目制作过程中谁是提供服务者、谁是接受服务者之后,应该将谁的需求放在首位就比较清楚了。严格来讲,无论节目中是否涉及心理咨询方面的专业工作,节目中当事人的需求都应该被放在首位。因为他们才是接受服务的人,而另外两方,即媒体制作方和心理咨询专业人员都是提供服务的人。

当然,这并不意味着参与节目录制的当事人的需求就必须要无条件地满足。

因为，我们这里讨论谁的需求最重要，是指在整个工作中，要考虑优先满足谁的需求、尊重谁的权益。但这并不是说接受服务方的需求是不受限制的，至少应该在不违反国家法律、不违反基本道德、不违反各方的伦理规范、不损害各方正常权利的前提之下。

因此，如果接受服务方的要求超过了提供服务方应该秉持的基本伦理与规范，例如艺人过分奢华的旅行要求，或是在节目中诋毁他人，那自然也是不应该得到支持的。当然，还是要注意有没有可能是制作方为了节目的播出效果或收视率，而对参与节目录制的当事人提出不合理的要求，例如要求当事人过度暴露个人隐私等。

当我们明确了谁的需求与权益应被优先考虑之后，该案例的问题就较为明显了。小伊参与节目制作过程，首先要考虑对艺人权益的保护，而不是一味听从制作方的指示和命令。

同样，节目制作方(卫视频道和栏目组)也是提供服务者，在节目录制过程中，是否也能够将当事人的权益放在首位，而不是先考虑收视率，也是非常重要的。

然而，作为受媒介伦理约束的传播媒体，对于如何有效地保护当事人未必熟悉。那么作为心理咨询专业人员，可能首先要做的，就是让媒体制作方能够从当事人的角度考虑，以公正、负责的态度，更好地尊重当事人的权益。让传播媒体了解、知晓，并与我们共同履行专业伦理就是最直接、最快捷，也是最有效的方法。

伦理守则条款9.1，明确了相关的规定。

> 9.1 心理师及其所在机构应与媒体充分沟通，确认合作方了解心理咨询与治疗的专业性质与专业伦理，提醒其自觉遵守伦理规范，承担社会责任。

无论是直接通过媒体展示心理咨询与治疗的专业工作，还是如该案例所示加入心理咨询专业人员的分析与点评，凡是需要通过媒体进行一些与心理咨询相关的专业工作，作为专业人员，我们很可能成为伦理宣传员，要让合作方充分知晓和理解相关的专业伦理内容，并且提醒他们要在伦理规范下行动，特别注意保护当事人的权益。对当事人负责本身就是在履行社会责任，因为传媒面对的是广大受众，有着巨大的示范与教育作用。

3. 公益宣传的伦理考量

在这里，我们对在公益宣传与新闻报道中，可能涉及的心理咨询专业工作的伦理做一些补充说明。公益宣传与新闻报道通常并不是商业行为，又往往与媒介伦理所主张的公众利益等有很大的关联。因此，作为心理咨询专业人员，一定要特别留意媒介伦理和心理咨询专业工作伦理可能存在的冲突和矛盾。

正如前面提到，有时候宣传与报道希望让公众从悲剧中吸取教训、唤醒良知，时常关注事故、关注灾难，特别会对当事人的个人背景、生平，以及相关事件的细节等做详细报道。但这样很可能会给当事人带来非常大的二次伤害。例如在对公众危机事件心理援助的正面报道中，让当事人出镜、叙述创伤事件过程，公开心理援助对象的信息、咨询细节等，这样的行为虽然对宣传有非常积极的作用，但对当事人所造成的困扰与影响可能也是非常大的。

因此，即使是公益宣传或正面报道，作为心理咨询专业人员，必须时刻记得服务对象是寻求专业服务的当事人，他们的需求与正当权益才是应被优先考虑的。在与传播媒体的合作中，不仅要时时向媒体宣传和普及心理咨询专业伦理，还要时时注意考虑当事人的利益，避免造成不必要的伤害。

第四节 应用伦理守则明确通过媒体传播的基本目标

如果心理咨询专业人员具备了所需的专业胜任力，同时服务对象已经充分知晓了媒介传播可能带来的后果，并且也不会给其带来任何损害，那么我们是不是就可以放心大胆地在媒体上展示心理咨询和心理治疗的专业工作了呢？

 案例3 与咨询相关的专业课程可否放到网络平台上？

小包是一位在大学里讲授心理咨询课程的教师，她讲授的"精神分析引论"课一直受到本专业学生的热捧。因为这门课里不仅清楚、详细地介绍了很多难懂的精神分析理论，小包还会在课堂上与学生们展开深入的讨论，让大家对理论与实务都有非常深刻的理解与认识。最近一家媒体找到她，希望将她的这门课录制下来，然后放到该媒体的网站上去，供所有网站会员付费学习。

这确实是一个传播心理学知识的机会，而且也可以为小包带来收益，但小包还是拿不定主意，因为她总在思考，将这样一门比较专业的心理学课程放到网络上去，会对大众产生什么样的影响呢？

一、与传播媒体合作前，应做充分准备

小包在"精神分析引论"课上，必然会对一些理论或经典案例进行分析、解释。在媒体传播的过程中，有没有可能误导大众，将小包的"专业推测"当作"专家结论"？或者是将小包分析的特定情境下的行为与心理模式，当作"普遍规律"？又或者是自认为听完了这门课，就能成为精神分析的专业人士了？

伦理守则条款 9.5 明确提出了心理师通过不同媒介进行工作时应注意遵从的专业规范。

心理咨询师通过传播媒介从事专业活动时，一定要有一个意识：我们的受众很可能是一个完全没有心理学基础知识的人。

> 9.5 心理师通过公众媒体(电台、电视、出版物、网络等)从事课程、讲座、演示等专业活动或以专业身份提供解释、分析、评论、干预时，应尊重事实，基于专业文献和实践发表言论。其言行皆应遵循专业伦理规范，避免伤害寻求专业服务者、误导大众。

如果是心理咨询专业人员参加的课程、讲座等，参加者大多具备了一定的知识基础，那么很多内容在讲授时就不容易引起歧义。但对于很多没有基础知识的人来说，有些专业的知识和说法反而容易引起理解上的偏差。例如从动力学视角理解的"性"与普通大众所认为的"性"就完全不同。另一方面，由于媒体传播的内容是可以被保存下来、反复播放的，如果使用了一些不够准确或不够恰当的语言或事例，一次性播放或学习可能没有什么问题，一旦反复多次播放，或受众反复学习、盲目联想，就可能引发困惑和冲突，带来一定的误导和伤害。

因此，作为专业人员，通过媒体从事授课和咨询等专业工作时，要充分考虑可能的影响，一定要对所讲述内容字斟句酌，最大限度地做到简洁、清晰、准确，尽量避免歧义。对于那些略有模糊，不是特别确定的内容和干预方法等，在讲授和使用前，一定要查阅专业文献和实践材料，本着实事求是的原则，在确定之后方可进行相关工作。如果迫不得已，不得不发布或使用一些存在争议的内容和方法，也一定要说明具体的限制条件、适用范围、存在的争议与不足等，以避免误导大众。

二、与传播媒体合作后，应谨慎对待

有时候，尽管我们作为专业人员能够很好地保持职业操守，但一些媒体从业者由于缺乏必要的知识，或者其他一些原因，很可能会在转录、剪辑、编辑等过程中出现偏差，曲解专业人员原本的想法和意图。

伦理守则条款9.6对此有专门的论述。

> 9.6 心理师接受采访时应要求媒体如实报道。文章发表前应经心理师本人审核确认。如发现媒体发布与自己个人或单位相关的错误、虚假、欺诈和欺骗的信息，或其报道断章取义，心理师应依据有关法律法规和伦理准则要求媒体予以澄清、纠正、致歉，以维护专业声誉、保障受众利益。

作为专业人员，我们要认真、负责地审核媒体即将播放的内容，包括我们的头衔、资质等个人信息，也要进行必要的审核，以免出现错误、虚假、欺诈等信息，这不仅能够防止不恰当信息的传播损害大众的利益，也是对自己的保护，避免我们的个人形象与声誉受到损害。

如果由于媒体的疏漏或错误，出现了虚假信息，或损害了当事人的利益，不应该私下解决，或是抱着息事宁人的态度，"大事化小、小事化了"。而是应当第一时间要求媒体采取补救措施，除了撤回不当内容之外，还需要通过该媒

体公开进行澄清、纠正，并向当事人或专业人员致歉。这样做一方面是为了最大限度地减少影响和伤害，另一方面也是对媒体和大众的警示和提醒，让其更加了解心理咨询相关工作的特殊性，加强伦理意识，杜绝此类现象的再次发生。

如果相关责任媒体拒绝采取补救措施，我们就需要借助其他媒体发布公开声明，同时保留必要的证据，考虑通过法律等正式、恰当的渠道处理和解决问题。

当然，这种对峙终究会让心理师、寻求专业服务者和传播媒体三方受到损害。所以最恰当的方法，还是在合作之初，就让三方明确专业伦理的内容，提醒彼此自觉遵守伦理规范，最好能够签署必要的合同或协议。

伦理守则条款9.3对这一点有明确的规定。

> 9.3 心理师如与媒体长期合作，应特别考虑可能产生的影响，并与合作方签署包含伦理款项的合作协议，包括合作目的、双方权利与义务、违约责任及协议解除等。

总之，作为心理咨询与心理治疗专业人员，更要具备契约意识，将专业伦理落实到白纸黑字的合同和协议中，双方共同签署确认，这样才有最强的约束力。

小　结

心理咨询与心理治疗专业人员在与媒体沟通、合作的过程中，第一责任对象仍然是寻求专业服务者，其次才是媒体。因此，首先应考虑寻求专业服务者的福祉，然后才是配合或是借助媒体更好地传播专业知识。

在与媒体沟通、合作的过程中，心理咨询专业人员除了是服务的提供者，还是伦理规范的传播者和普及者。要帮助合作方了解心理咨询与治疗的专业性质与专业伦理，提醒对方自觉遵守伦理规范，承担社会责任。同时，也需要采取恰当的方式，向大众传播心理咨询与治疗专业伦理方面的知识。

心理咨询专业人员还需要特别注意媒体传播的特殊性，协助寻求专业服务者充分、全面地考虑媒体传播可能带来的影响，在知情同意的基础上接受相关工作。同时，心理咨询专业人员也要本着实事求是、严谨慎重的态度，科学、规范地从事相关工作。

思 考 题

1. 心理咨询的过程能拍成视频做公益宣传吗？心理师应该如何看待这个问题？

2. 某情感类电视节目请心理咨询师去做点评嘉宾，哪些是可以做的？哪些是不可以做的？

3. 新闻媒体想对一次重大灾难事件中的心理援助工作进行正面报道，有哪些伦理问题需要注意？

4. 我们为公众人物提供心理咨询服务，当该公众人物公开了这件事情之后，我们应该如何面对记者的采访呢？

参 考 文 献

陈堂发，2015. 互联网与大数据环境下隐私保护困境与规则探讨. 暨南学报(哲学社会科学版)，37(10)：126-130.

牛静，刘丹，2017. 全球媒体伦理规范的共通准则和区域性准则——基于 134 篇媒体伦理规范文本的分析. 新闻记者，(10)：4-15.

王敏，2018. 大数据时代如何有效保护个人隐私？——一种基于传播伦理的分级路径. 新闻与传播研究，25(11)：69-92.

斯特劳巴哈，拉罗斯，2002. 今日媒介：信息时代的传播媒介. 熊澄宇，译. 北京：清华大学出版社.

张欧亚，2015. 伤心漫过那片海：灾难报道伦理问题的实践思考. 中国记者，(3)：38-39.

周海燕，2015. 重建新闻的公共性共识是否可能？——从近期的传媒伦理争议谈起. 新闻记者，(3)：42-47.

11

伦理问题处理

伦理问题的处理事关每一位咨询师。伴随心理咨询与心理治疗专业化水平的提升以及职业化进程的飞速发展，心理咨询与心理治疗行业已经进入公众视野。在社会公众对心理咨询与心理治疗行业逐渐认可的同时，对专业化服务的效果寄予更高期待，心理咨询与心理治疗实务明显呈现连续、长程以及深度探索的倾向，咨询师不可避免地遇到各种困境，其中很多情境都与伦理议题密切相关。从业人员以咨询师专业身份开展专业实践，并通过提供专业服务而有所获益，因此有义务、有责任了解并遵守专业伦理规范。

第一节　咨询师与伦理守则

伦理守则是根据心理咨询与心理治疗行业内部共同认同的专业价值观建立的伦理准则与行为规范，阐述了专业实践最根本的专业要求和行业规定，对于心理咨询与心理治疗从业人员来说是最基本的专业行动指南。

一、遵守伦理守则是对咨询师的基本要求

伦理守则旨在保证和提升专业服务的水准，为咨询师的专业实践提供基本指导。伦理守则代表了专业领域共同价值观的最好判断，咨询师以伦理守则为行动指导可以从根本上保障来访者的福祉，保证寻求专业服务者的权益，咨询师熟知并遵守伦理守则在一定程度上可以减少伤害来访者福祉的可能性。

伦理守则旨在规范和指导从业人员的专业行为，为咨询师应对伦理问题提供重要参考。伦理守则提供了心理咨询与心理治疗实务常见问题的专业应对方式，确定了符合伦理的专业活动以及违背伦理的禁止行为，有利于咨询师规避风险，为个人的职业发展保驾护航。

专业伦理不仅为从业人员提供行为指南，还从整体上促进专业组织的职业化(Swanson，1983)。伦理准则是专业组织内部达成的专业共识，有助于增强职业内部的稳定性(Van Hoose，Kottler，1985)。更重要的是，通过伦理准则向社会公众传达专业立场，增强社会公众对心理咨询与心理治疗行业的信任感。

对于咨询师而言，有责任通过接受伦理培训、阅读文献及同行讨论等形式加强对伦理守则的深刻理解，遵守专业伦理和行为规范，任何不知晓或误解伦理守则相关条款的理由都不能成为违反伦理的借口。这一点，对于注册系统的注册心理师而言，更是如此。

> 10.1 心理师应当认真学习并遵守伦理守则，缺乏相关知识、误解伦理条款都不能成为违反伦理规范的理由。

二、加强伦理敏感性是咨询师的专业态度

伦理守则既不能替代伦理思考，也不能简化伦理决策的过程，加强伦理敏感性是咨询师需要具备的专业态度。

伦理守则只针对一部分问题提供了具体的行动指导，例如条款1.4规定"心理师不得以收受实物、获得劳务服务或其他方式作为其专业服务的回报"，条款3.1规定"专业服务开始时，心理师有责任向寻求专业服务者说明工作的保密原则及其应用的限度、保密例外情况并签署知情同意书"。但在很多情况下，伦理守则并没有针对复杂问题给出明确答案。例如对未成年人咨询，有多少信息需要父母或监护人知情？在适用于保密例外的危机干预情境里，如果来访者坚持不同意突破保密限制咨询师要如何处理？可见，伦理守则无法涵盖咨询师在专业实践中遇到的所有问题，因为现实情况总是十分复杂的，即使有伦理守则作为参考依据也不能取代咨询师的伦理思考，在很多情况下都需要咨询师自己做

出伦理决策。

咨询师要明确伦理守则与法律法规的关系。咨询师首先是公民，然后才是咨询师，因此咨询师有义务服从法律法规，以此为基础作为从业人员有责任遵守专业伦理规范。

> 10.3　若本学会专业伦理规范与法律法规冲突，心理师必须让他人了解自己的行为符合专业伦理，并努力解决冲突。如这种冲突无法解决，心理师应以法律和法规作为其行动指南。

咨询师与其他相关人员合作时，例如以咨询师身份在媒体或互联网平台参加相关活动时，作为专业人员有责任向对方解释专业要求和伦理规范，以保证来访者的福祉，这既是咨询师的专业责任，同时也是社会责任。每位咨询师都是伦理守则的宣讲员及推广者，都有共同维护行业社会声誉的专业责任，注册心理师更应自觉做到这一点。

> 10.4　如果心理师所在机构的要求与本学会伦理规范有矛盾之处，心理师需澄清矛盾的实质，表明自己有按专业伦理规范行事的责任。心理师应坚持伦理规范并合理解决伦理规范与机构要求的冲突。

专业伦理是常学常新的，在不同的背景下、不同的情境里，常常需要咨询师创造性地解决问题。但是，忽略伦理守则一定是有风险的。无论是咨询师自己遇到伦理相关的情境，还是发现同行有违反伦理的问题，甚至是如果自己卷入伦理问题或者正在咨询的来访者陷于与其他咨询师的伦理纠纷，如何处理都是咨询师必须应对的挑战。对不符合伦理的现象或行为做出符合伦理的反应，正是咨询师应该有的专业态度。

第二节　伦理投诉处理程序

中国心理学会临床心理学注册工作委员会受理伦理投诉的目的是为了促进我国心理咨询与心理治疗行业的健康发展，保护来访者的福祉，同时也维护咨询师的权益。

一、伦理投诉处理的基本原则

伦理投诉要以事实为依据，伦理投诉的受理以及处理同样以事实为依据，这是伦理问题处理最基本的原则。伦理守则既保护寻求专业服务者的福祉，同时也保护心理师的权益。

反对以报复为目的进行伦理投诉，临床心理学注册工作委员会伦理工作组(以下简称伦理工作组)以公正的态度严肃对待每一例投诉，以符合伦理的方式处理伦理投诉。

> 10.7 伦理投诉案件的处理必须以事实为根据，以伦理守则相关条文为依据。

二、伦理投诉适用的对象

伦理工作组目前只受理在中国心理学会临床与咨询心理学专业机构与专业人员注册系统有效注册的机构或人员的伦理投诉，通常包括以下三种情况：

(1) 被投诉对象是注册系统的注册机构或人员，拥有有效的注册身份；

(2) 被投诉对象虽然已不是注册人员或机构，但被投诉行为发生在有效注册期间；

(3) 被投诉对象是正在申请注册系统或者已经通过申请处于公示阶段的人员或机构。

三、伦理投诉确认有效的条件

伦理工作组目前接受伦理投诉的渠道，主要包括来访者或其他公民投诉、专业同行的举报及注册工作组在审核申请注册或更新注册时发现的伦理问题等。

根据《临床与咨询心理学专业机构与专业人员注册登记工作指南》(钱铭怡，2019)，确认是否为有效投诉的条件通常包括以下内容：

(1) 伦理投诉必须是实名投诉，在《伦理投诉案件投诉书》文件上手写签名，并附身份证或其他有效身份证件的复印件；

(2) 伦理投诉必须以事实为根据，提供被投诉人违反伦理的具体事件及相关证据，以伦理守则相关条款作为投诉依据；

(3) 伦理投诉案件发生的时间与有效投诉时间相隔不超出 5 年，超出时限者不予受理，仅对投诉做备案处理。情节特别严重者另议。

所有投诉材料的电子版发送至伦理工作组专用邮箱(lunli@chinacpb.org)，伦理工作组秘书收到邮件后会回复邮件"收到"以确认伦理工作组收到投诉邮件。如果 3 日内未见邮件回复，务请投诉人再次发送询问邮件并确保邮件成功发送。

四、伦理投诉处理的工作机制

伦理工作组处理伦理投诉是为了保障来访者的福祉，保护注册人员的权益，尊重双方的尊严和权利，因此在受理伦理投诉的过程中严格遵守伦理守则，执行相关工作制度。

1. 组长联合负责制

伦理工作组设有组长一名、副组长两名，共同组成三人小组实行联合负责制。接到对注册人员或机构的投诉时，投诉材料经过伦理组秘书审核以后，由伦理工作组的正、副组长召开联席会议，经讨论初步确认是否为有效投诉。其后若成立伦理投诉案件处理工作小组，该小组在完成相关调查后形成处理意见，也要交由伦理工作组组长联席会审议。

2. 一事一议原则

在伦理工作组组长联席会讨论初步确定为有效投诉后，采取一事一议原则，根据情况召集3位或5位伦理组委员成立伦理投诉案件处理工作小组，启动对伦理投诉案件的事实调查、分析讨论或质证相关工作。在成立伦理投诉案件处理工作小组时，既考虑到要具有与投诉案件相关的工作经验，同时注意回避与投诉人及被投诉人利益相关人员。

3. 分级审核制度

为保证伦理投诉处理公平、公正，实行分级审核制度。对一般违反伦理的行为，伦理投诉案件处理工作小组将处理意见交由伦理工作组组长联席会审定形成决议；对情节严重者，处理意见经伦理工作组组长联席会审定后，继续交由伦理工作组全体委员讨论通过形成决议；必要时，还要将处理建议提交注册工作委员会审议形成决议。

4. 伦理追查制度

如果已经确定为有效投诉，投诉人在投诉处理过程中提出放弃投诉，伦理工作组在尊重投诉人决定的同时，有责任根据可确认的被投诉人的伦理问题给予相应处理，或视情况根据已知晓的被投诉人违反伦理情况继续调查，并给予相应处理。如果是注册工作组在审核注册申请或更新注册申请材料过程中发现伦理问题，伦理工作组有责任针对发现的问题继续调查，视情况对申请人给予相应处理。

五、接受伦理投诉的工作流程

伦理工作组在伦理投诉案件处理过程中，要注意以符合伦理的方式应对。尤其需要考虑相关人员的权利优先次序，把尊重来访者的隐私权放在首位，而后再考虑对咨询师的处理(Fisher, 2003)。

1. 伦理工作组秘书的初步审查

伦理工作组对外公开的唯一联系方式是专用邮箱，由伦理工作组秘书专人负责。收到伦理投诉的邮件后，伦理工作组秘书确认是否实名投诉、被投诉人是否为注册系统人员或申请人员、投诉事件过程叙述是否明确具体，要求投诉人填写《伦理投诉案件投诉书》并手写签名，确认投诉资料齐全后将投诉材料转呈伦理工作组组长。

2. 伦理工作组组长联席会初步确认

伦理工作组组长联席会根据投诉人提供的材料讨论商议，初步确定是否为有效投诉。若确认有效，根据一事一议原则成立伦理投诉案件处理工作小组，启动进一步讨论和调查。若非有效投诉，则告知不予受理及原因，并由伦理工作组秘书及时回复投诉人。

3. 伦理投诉案件处理工作小组进行调查

伦理投诉案件处理工作小组成员在签署《伦理投诉处理保密协议》以后，启动调查和分析讨论或质证工作。

根据已有投诉材料讨论，再次确定是否为有效投诉。若认为非有效投诉，则向伦理工作组组长联席会报告不予受理，告知原因。若经伦理投诉案件处理工作小组讨论确定为有效投诉，向投诉人发出《投诉确认函》，同时请投诉人将投诉材料以挂号信方式邮寄到秘书处。向被投诉人发出《投诉调查函》，请被投诉人对被投诉情况进行事实说明。在此期间，投诉人以及被投诉人签署《投诉处理工作协议》，承诺在投诉事件处理过程中不私下接触、不对外公开信息，以保证处理过程不受干扰，公平、公正地进行。

经伦理投诉案件处理工作小组调查，若认为问题不足以给予违纪处罚，形成处理意见提交给伦理工作组组长联席会。经审议通过后，给出不同处理意见，或由伦理工作组秘书发出书面告诫函，或由伦理投诉案件处理工作小组代表对被投诉人进行告诫谈话，提醒被投诉人注意遵守伦理规范。最后，均由秘书将有关文件存档备案。

经伦理投诉案件处理工作小组调查，若认为问题严重达到违纪处罚，形成处理意见提交伦理工作组组长联席会。经审议通过后，伦理工作组全体委员会议讨论并表决形成书面处理决议，情节严重者由伦理工作组提交注册工作委员会，由注册工作委员会通过最终处罚意见，公示并执行。

若发现伦理投诉的问题已经超出了 5 年投诉时限,该投诉有关文件将在伦理工作组存档备案。

六、伦理投诉的处理结果

伦理投诉事件的处理通常是非常复杂的。判定违纪的严重程度主要看结果,也就是说决定处罚结果的重要依据是看是否给来访者已经带来或可能带来的伤害的程度,但也会参考被投诉人的动机以及违纪行为发生的具体情况做出处理。

1. 伦理处罚

(1) 对违反伦理守则的注册人员或机构,依据条款 10.8 按情节轻重给予警告、严重警告、暂停注册资格、永久除名处罚决定。对不足以进行违纪处罚者,根据实际情况给予书面告诫、诫勉谈话等处理。

(2) 对正在申请注册或处于公示期的申请人员或机构,如发现伦理问题或接到投诉,按违反伦理情节轻重建议注册工作组给予相应处理。

(3) 若在公示期结束后发现申请人在公示期及以前存在伦理纠纷,伦理工作组有追诉的权利。

10.8 违反伦理守则者将按情节轻重给予以下处罚:(1)警告;(2)严重警告,被投诉者必须在指定期限内完成不少于 16 学时的专业伦理培训或/和临床心理学注册工作委员会伦理工作组指定的惩戒性任务;(3)暂停注册资格,暂停期间被投诉者不能使用注册督导师、注册心理师或注册助理心理师身份工作,同时暂停其相关权利(选举权、被选举权、推荐权、专业晋升申请等),必须在指定期限内完成不少于 24 学时的专业伦理培训或/和临床心理学注册工作委员会伦理工作组指定的惩戒性任务,如果不当行为得以改正则由临床心理学注册工作委员会评估讨论后,取消暂停使用注册资格的决定,恢复其注册资格;(4)永久除名,取消注册资格后,临床心理学注册工作委员会不再受理其重新注册申请,并保留向相关部门通报的权利。

2. 伦理备案

伦理备案是指伦理投诉不符合有效投诉的条件(例如被投诉人并非有效注册的心理师),伦理工作组在知悉相关情况以后无法做出相关处理,但并不意味着不采取任何行动,而是会以伦理备案的形式记录下来,待当事人日后准备申请加入注册系统时,注意加强对当事人的伦理审查和评估。

第三节　专业机构及同行对违反伦理问题的专业应对

咨询师违反伦理的严重程度不同,投诉程序也有所不同,只有违纪情节非常严重才采用正式的投诉程序(维尔福,2010)。如果咨询师有违背伦理的行为,除了当事人以外,通常还有可能被咨询师所在的专业机构或同行发现。例如咨询师在闲谈中暴露了来访者的个人信息,或者没有妥善保管咨询记录,或者来访者在心理咨询过程中谈及与之前咨询师的不正当关系等。当专业机构或同行得知咨询师违背伦理规范,有责任以专业的态度做出恰当的专业应对。

一、专业机构及同行发现伦理问题的专业态度

事实上,当专业机构或同行知晓咨询师违背伦理规范常常会感到纠结,处于两难境地。一方面觉得自己作为专业人员,应该做些什么以保障来访者的福祉,甚至感到身为专业人员有责任举报以维护行业声誉;另一方面又觉得碍于情面不好介入,担心如果自己指出来会破坏了彼此的关系。这确实是一个不容易应对的问题,与我国文化有关,中国文化是一种集体主义文化,人们通常将人际关系放在非常重要的位置,无论机构还是同行面对遵守规则还是维护关系时,往往选择后者。正如我们在生活中常说的"事不关己,高高挂起"。

但就长远利益考虑,如果专业机构或同行发现了问题及时应对,既是保护来访者,也是爱护同行,在一定程度上可以帮助同行避免出现更严重的伦理问题,共同维护了专业声誉,促进了社会大众对心理咨询与心理治疗行业的信任。

二、专业机构及同行发现伦理问题的专业应对

虽然在伦理守则里没有明确提出当专业机构或同行知道了心理师违背伦理规范就必须到专业协会投诉,但在专业人员内部还是有必要达成共识。在APA和ACA的伦理守则里也没有相关的硬性规定必须进行投诉,但都提出了建议,认为比较可行的选择是先采取非正式的补救方法处理不当行为。如果违反伦理的行为情节不严重,相关咨询师可以通过与违纪的当事人私下面谈来解决问题。

1. 非正式补救:规劝

当专业机构或同行知道咨询师违背伦理规范之所以先采用规劝的方式,主要包括以下三方面原因:首先,基于同事之间的忠诚,在实务领域鼓励咨询师在自己遇到不确定的咨询困境时寻求督导或同行指导,同行之间的忠诚以及支持有利于促进咨询师在发现问题以后试图采取补救行动的积极努力;其次对一些没有触及伦理底线的问题,这样做既给同事保留一些尊严,也省时高效,可以快速见到效果,而正常的投诉程序以及调查质证过程通常耗时比较长;第三希望以非官方的名义尽快解决问题,而当事人尽快做出改正,有利于减轻该行为给公众留下的不好印象,减轻对心理健康行业和该领域从业者造成的负面影响。

采用非正式的面谈要非常慎重。虽然是非正式补救途径,但并不意味着不严肃,仍然是非常严谨细致的专业工作。

通常包括三方面工作:

(1) 明确指出错误所在。尽管是以非正式的途径处理伦理问题,但仍然是一项非常严肃的工作。建议选择正式的会谈环境向违反伦理规范的同行开启正式的谈话,明确、具体地指出对方的问题,避免含糊其词。

(2) 告知有关伦理知识,加强伦理学习。在会谈以及讨论过程中,建议以伦理守则相关条款为依据,提醒对方提高伦理敏感性,如果对方确实缺乏相关伦理知识,建议其以参加伦理培训等方式加强伦理学习。

(3) 强调如果再犯将受到更为严重的惩罚。客观地讲,非正式补救途径确实

缺乏约束力,如果发现这样解决问题并不奏效,也可以向伦理工作组进行备案说明。

2. 正式补救:举报

在非正式解决方法行不通的情况下,或者如果某人违反伦理的行为情节严重,专业机构或个人有责任视情况向伦理工作组备案或举报,最终目的是保障来访者或潜在来访者的福祉。对被举报的同行而言,尽管在当下一定是不舒服的,但就长远的职业发展而言还是具有一定的积极意义,可以避免再次出现违背伦理的行为,甚至是更严重的过错。有研究显示,与某一位来访者发生性接触的咨询师,再次与其他来访者发生性关系的可能性会更大(Pope,1994)。

> 10.5 心理师若发现同行或同事违反了伦理规范,应规劝;规劝无效则通过适当渠道反映问题。如其违反伦理行为非常明显,且已造成严重危害,或违反伦理的行为无合适的非正式解决途径,心理师应当向临床心理学注册工作委员会伦理工作组或其他适合的权威机构举报,以保护寻求专业服务者的权益,维护行业声誉。心理师如不能确定某种情形或行为是否违反伦理规范,可向临床心理学注册工作委员会伦理工作组或其他适合的权威机构寻求建议。

三、专业机构及同行是伦理投诉的重要补充途径

一般来说,专业协会处理伦理投诉通常需要一个相对较长的过程。为了使违背伦理的行为快速得到纠正,为了保证来访者或潜在来访者的福祉,也可以向专业机构或相关同行投诉。

1. 向专业机构投诉

如果当事人违反伦理的行为不是太严重,同时又隶属某专业机构,向该机构投诉,以协助当事人矫正行为也是可行的,并不一定要提交到专业组织的伦理工作组或委员会进行处理。但通常这种做法仅限于以下几种情况:

(1) 该机构可以在适当的时间期限内,方便客观地调查取证,采用适当的方

式对本机构咨询师做出处理。

(2) 该机构可以对咨询师提出警告，并且当事人近期不会调离该机构，有条件对其日后的职业行为进行监控。

2. 向同行投诉

(1) 如果认为咨询师存在不当行为，可以向该咨询师所在机构的负责人或督导师提出投诉。

(2) 如果咨询师与他人合作开业，如果认为合作者可以信任，也可以联系合作者，让合作者知晓。

当然，如果非正式解决办法不合适或者行不通，咨询师出于正当理由可以向专业组织的伦理工作组或委员会举报。需要注意的是，除非某些事情已有确凿证据，否则只有当来访者同意放弃隐私权的情况下，咨询师才能对同事进行调查，或投诉备案。另外，如果有法律授权者，属于例外情况。

四、对来访者在伦理投诉处理过程中的支持

在咨询过程中一旦发现来访者提到同行的不当行为，咨询师有责任告知伦理标准以及来访者可以采取的行动、如何采取行动，以及益处、风险，来访者需要完全自主地决定是否进行投诉。

投诉的来访者在以下时刻尤其需要咨询师的支持(维尔福，2010)。尽管最初来访者是因为在接受服务过程中不满或受到伤害前来投诉，当来访者向专业组织的伦理工作组或委员会递交伦理投诉申请时，来访者需要整理相关材料，在投诉调查过程中需要提供证据进行举证和质证，势必要重新经历之前的消极或伤害的体验，会再次体验负面情绪。

来访者所递交的投诉申请可能因各种理由被拒绝。例如被投诉人不是注册系统注册心理师，或者所投诉的事实无法调查取证，还可能当来访者鼓足了勇气提出伦理投诉却被告知超过了伦理投诉受理的时限要求等，都会使来访者产生强烈的被抛弃情绪体验，加重自我挫败。来访者在投诉处理过程中的心情也是非常复杂的，可以说备受煎熬、充满焦虑，既可能对处理结果感到不满而失

望，也可能对咨询师感到抱歉、愧疚。

无论对于被投诉人还是投诉人，伦理投诉都是一个非常痛苦的过程，而且投诉人应该意识到，投诉最现实的好处是如果投诉成功可以让其他来访者免受伤害。

> 10.9 反对以不公正态度或报复方式提出有关伦理问题的投诉。

第四节 咨询师的伦理自觉及自我监控

事实上，绝对严格地遵守专业伦理并不简单，从业人员在专业实践过程中常常遇到一些困境，这就需要专业人员做好伦理决策。从某种意义上说，几乎所有的从业人员都可能违反过伦理守则，只是严重程度不同而已。

一、咨询师的自我监控

咨询师具有伦理自觉非常重要。咨询师是否真的认同专业伦理，要看其在违反了伦理而没有被发现的情况下的反应。即使没有来自外部的谴责，也应自我监控自己的职业行为，始终保持伦理的敏感性。咨询师一旦觉察自己工作中有违背伦理的行为应该尽快采取措施改正，无论是否被投诉，始终秉持以来访者利益为重的原则至关重要。敢于承认自己的错误，并积极采取行动减轻负面影响，这体现了善行和诚信的伦理原则，也是符合伦理的。

> 10.2 心理师一旦觉察自己工作中有失职行为或对职责有误解，应尽快采取措施改正。

咨询师有责任重视和面对来访者在咨询过程中的各种情绪，包括对咨询师、咨询设置、咨询进程以及咨询效果的负面情绪。尽管来访者在心理咨询中的反应类型和反应强度或多或少与其个人议题有关，但是咨询师还是要正视来访者的情绪，既要站在客观的角度检视来访者表达的诉求，也有责任就此与来访者展开讨论，而这样的讨论很可能成为咨询进程深入的契机。

二、咨询师接到伦理投诉后的反应

伦理守则同样保护心理师的权益。心理师在接到伦理投诉的通知以后，以专业态度加以应对反映了作为专业人员的伦理态度。

咨询师充分尊重来访者的投诉行为，不得采取威胁行为干扰投诉调查过程。作为被投诉人在处理期间不与投诉人联系，除非律师有专门的建议(Thomas，2002)。同时咨询师有责任配合调查，提供证据，说明事实。

> 10.6 心理师有责任配合临床心理学注册工作委员会伦理工作组调查可能违反伦理规范的行为并采取行动。心理师应了解对违反伦理规范的处理申诉程序和规定。

加强伦理意识，遵守专业伦理规范是每一位咨询师应有的自觉行为。从本质上说，符合伦理并不是要求专业人员表现完美，而是说无论是否符合伦理，专业人员始终把来访者利益放在首位，负起专业责任。

小　　结

作为专业人员有责任了解并遵守专业伦理规范，任何不知晓或误解伦理守则相关条款的理由都不能成为违反伦理的借口。符合伦理并不是要求专业人员表现完美，而是要求专业人员加强伦理自律，始终把来访者利益放在首位，负起专业责任。伦理是常学常新的，在不同背景下、不同情境里常常需要咨询师创造性地解决问题。对伦理问题做出符合伦理的反应，是作为咨询师应有的专业态度。

思　考　题

1. 伦理守则保护的是来访者，还是咨询师？
2. 有效投诉的条件有哪些？

3. 如果咨询师接到对自己的实名投诉，恰当的应对策略是什么？
4. 如果咨询师发现同行有违背伦理的行为，怎么处理？
5. 如果咨询师在咨询中听到来访者受到同行违背伦理的伤害，怎么处理？
6. 作为咨询师，需要和来访者讨论伦理投诉的途径吗？

参 考 文 献

钱铭怡，2019. 临床与咨询心理学专业机构与专业人员注册登记工作指南. 北京：北京大学出版社.

维尔福，2010. 心理咨询与治疗伦理：第3版. 侯志瑾，李文希，珠玛，等译. 北京：世界图书出版公司北京公司.

FISHER C B, 2003. Decoding the ethics code: a practical guide for psychologist. Thousand Oaks, CA: Sage.

POPE K S, 1994. Sexual involvement with therapists: patient assessment, subsequent therapy, forensics. Washington, DC: American Psychological Association.

THOMAS J T, 2002. Facing a board complaint: the impact on the psychologist's objectivity. Paper presented at the annual meeting of the American Psychological Association, Chicago.

VAN HOOSE W H, KOTTLER J, 1985. Ethical and legal issues in counseling and psychotherapy. 2nd ed. San Francisco: Jossey Boss.

SWANSON C D, 1983. Ethics and the counselor//Being a Counselor. Pacific Grove, CA: Brooks/Cole.

12 伦理决策

在前面的章节中,我们详细解读了《中国心理学会临床与咨询心理学工作伦理守则》,有助于我们提高伦理的意识与敏锐度。但是伦理守则只是为我们提供了原则和框架,不能给出一个明确的答案。在实际工作中遇到伦理议题时,咨询师经常会面临两难困境,伦理决策有时并不是一件很容易的事情。

本章将从伦理决策概述、伦理决策过程和模型以及 Corey 提出的八个步骤模型的临床应用(Corey,Corey,Corey,2019)这三个方面,结合案例来说明心理咨询与治疗中的伦理决策。但是,这并不意味着专业人员在实践中需要严格按照 Corey 提出的八个步骤来进行伦理决策,针对比较明显的问题,可以采取更简洁的步骤解决。有时候,我们需要对当前的情境及时做出回应,也许并没有那么多的时间严格遵照每一个步骤执行(维尔福,2010)。在这种情况下,我们可以通过增加对伦理守则、法律、所在机构的规章制度、社会文化等伦理决策过程中牵涉的因素的了解,来提高自己运用这一模型的能力。这样,即使面临着时间的压力,我们也更有可能迅速地做出合适的反应。

斯佩里(2012)认为,良好的伦理实践是有效的专业实践。本章我们希望将理论和案例结合起来进行说明,来帮助专业人员更好地理解这个过程。

第一节 伦理决策概述

伦理决策涉及的研究领域十分复杂与广泛,受到心理学家、社会学家、管理学家等各领域学者的关注。他们都试图在自己的知识领域内为伦理决策勾画出一个完整的框架,描述伦理决策的基本过程以及理论模型等内容。在心理咨询与治疗领域,良好的伦理决策既是好的伦理实践决策,也是好的专业实践决策。

一、伦理决策的界定与内涵

所谓伦理决策,是指根据一定的道德规范和标准,对决策的方案进行道德分析、判断与选择,从而提高决策的伦理性、科学性和合理性。并非所有的决策都是伦理决策,一个决策必须同时具备如下三个条件才能被称为伦理决策。首先,伦理决策的客体必须涉及伦理问题,即具有伦理内涵、受人类基本伦理规范的调节和制约。其次,伦理决策的主体必须是具有自由意志的伦理主体,他能意识到伦理问题的存在,并能够做出判断和实施行动。最后,人们可以对决策的结果做出"合伦理"和"不合伦理"的判定。合伦理的决策是指合法的、在道义上为社会上大多数人所接受的决策;不合伦理的决策是指非法的、在道义上为社会上大多数人所不能接受的决策(吴红梅,刘洪,2006)。

在心理咨询与治疗领域,伦理决策往往和伦理困境联系在一起。伦理困境指的是咨询师在心理咨询与治疗过程中面临不同责任与义务产生冲突的状况(雷默,2000)。咨询师在工作过程中常常会面对价值观的冲突,常常因面对社会价值与专业伦理的冲突、专业伦理内部的冲突、专业伦理与咨询师个人价值的矛盾、咨询师个人价值与来访者价值的冲突这五种价值冲突,需要做出抉择;而这些两难困境仅仅依靠伦理守则并不能很好地得到解决。因为伦理守则提供的只是一般的原则性指导,伦理守则并不能针对每一个具体的伦理困境提供详细的应对策略和方法,这就要求咨询师在面临事实与价值的冲突时,依据自身的专业责任、伦理责任和法律责任,遵循伦理总则"善行、责任、诚信、公正和尊重"的原则,切实维护来访者的权益,做出合理的伦理判断和选择,这个过程就是心理咨询中的伦理决策。

二、伦理决策的基本特征

伦理决策是管理和伦理的结合,是在一般决策的基础之上充分考虑了道德判断与伦理的选择。因此，伦理决策不仅具有一般决策的特征，还具有一些特殊的特征。

首先，伦理决策本质上是价值选择的问题。由于伦理困境是咨询师在实践中会遇到的不可避免的问题，而造成伦理困境的根本原因是价值观的冲突，因此咨询师在伦理决策时需要进行价值选择。心理咨询伦理的困境，不论是由于文化差异，还是利益冲突(通常兼而有之)造成的，其实都是价值选择。同时，由于咨询师面对的伦理问题和道德冲突的性质不同，受到个人价值观、来访者的福祉和权益、服务机构的规章制度、专业组织的伦理规范、政府相关法律条文等多种因素的约束，因此需要心理咨询师依据一定的道德规范对各因素进行价值判断，从而做出科学的伦理决策。

其次，伦理决策是一个连续的过程或序列。决策是一个连贯的活动，表现为一个不断地识别问题、认识问题、分析问题、选择行动路线并最终解决问题的过程(李扬，钱铭怡，2011)。而在这一过程中，它受到各项因素影响。从纵向上看，每一个决策的做出都与前期的选择有关。在决策的过程中，上一阶段决策问题的解决与否都会对下一阶段的决策过程产生影响。整体伦理决策过程呈现螺旋式渐进发展的特征。随着对伦理问题分析和了解越深刻，决策在执行的过程中会不断得到修正、补充和完善，从而促使整个伦理决策水平的提高。从横向上看，作为认知性的活动，伦理决策不是一个孤立和静态的行为，也不单纯是个人行为。一方面，在决策的过程中需要考虑到可能对利益相关他人、所在机构等的影响；另一方面，伦理决策的过程也需要不断和专业人士进行磋商，从而查漏补缺，以做出科学的决策。

再次，伦理决策的后果具有不确定性。具体体现在：一是咨询师在决策的过程中进行伦理判断、分析和评估所依据的伦理守则和标准是否恰当和适用，是否在一定程度上取得了伦理共识。当咨询师进行决策的目的不明确、采取的规范和标准不统一、对各种利益分析不准确时，就会难以把握伦理决策的结果。二是由于决策时所处的外部环境和文化背景不同，所产生伦理决策的结果也不同。同一决策在不同的文化背景下，受不同因素的影响。个体的价值观能稳定地决定个体的态度和行为，但它是在一定的社会和组织环境下形成的，并且还受到环境的影响，处于不断的变化之中(吴红梅，刘洪，2006)。

最后，伦理决策具有多种选择方案，需要咨询师做周密的考量。伦理决策遵循一定的依据和标准，受多种因素的影响，需要进行多重"背景分析"，并随着伦理风险状态的不同而改变(张彦，2008)。在心理咨询中，咨询师常常会置身于各种伦理困境，遭遇价值两难的抉择，但是面对具体的伦理情景，咨询师根据伦理守则很难做出既符合伦理又符合一定利益的选择。这就要求咨询师明确伦理困境所涉及的伦理因素以及影响这个伦理因素的原则、规则、权利、义务，从而在对伦理困境更加了解的基础上做出更为适宜的决策。

三、伦理决策的基本原则

伦理决策是按照一定的道德规范和原则进行的。在心理咨询与治疗过程中，做出伦理抉择时需要遵循保护生命、机会平等、最小伤害、自主自决、保密等原则(焦金波，王超，李绍伟，2005)。有时，一个具体的实践情形涉及两个或多个伦理原则和义务，而它们之间可能存在冲突，咨询师需要依据具体情况遵循一定的伦理原则，做出科学的伦理决策。

1. 保护生命原则

咨询师保护寻求专业服务者的生命安全是最基本也是最重要的原则，居所有伦理决策原则之首。咨询师无论面对何种伦理困境，都必须以保护来访者或他人的生命安全为优先考虑的原则。当来访者或他人生命安全受到威胁时，咨询师必须采取紧急措施，尽管这些行为可能会违反伦理守则中的保密、尊重来访者隐私权等原则，此种情形下所做出的决策也具有一定合理性。也就是说，一个人的生命安全优于其他任何权利，这也是符合伦理总则中的善行原则的。

2. 机会平等原则

罗尔斯(1998)曾说："公平机会原则的作用是要保证合作体系作为一种纯粹的程序正义。"这条原则在伦理总则中即为公平原则，此原则对于咨询师和来访者来说都十分重要，如何保证资源分配的公平，如何保证每一个寻求专业服务者机会平等是咨询师做好本职工作的基本前提之一，也是践行公平正义的基本要求。因此，咨询师在进行伦理决策时要坚守公平的基本原则，即"心理师应公平、公正地对待自己的专业工作及相关人员，采取谨慎的态度防止自己潜在的偏见、能力局限、技术限制等导致的不适当行为"(中国心理学会，2018)。

3. 最小伤害原则

最小伤害原则是指咨询师在迫不得已的情境下可能会做出对寻求专业服务者不利的行为时，必须选择一个限度最小、伤害程度最低的方式，这也是伦理总则中善行和责任的要求。伦理守则条款 1.2 指出心理师"应当避免伤害寻求专业服务者、学生或研究被试。如果伤害可预见，心理师应在对方知情同意的前提下尽可能避免，或将伤害最小化；如果伤害不可避免或无法预见，心理师应尽力使伤害程度降至最低，或在事后设法补救"(中国心理学会，2018)。总之，最小伤害原则建议选择那个将导致最少的、最短期的伤害计划，即"两害相权取其轻"。

4. 自主自决原则

个人自决(self-determination)，即每一位寻求专业服务者都有权决定对自己的身体做什么或不做什么，这源于《中华人民共和国宪法》所规定的个人自由权利(赵静波，季建林，2007)，也是伦理总则中尊重原则的体现。在心理咨询与治疗实践中，知情同意是来访者的权利，也是咨询师的基本道德义务。在实践中，咨询师进行伦理决策需要尊重来访者的知情同意权，要将面临的情境告知来访者，帮助其分析和寻找解决方案，并鼓励来访者自己做主和自我决定。当然，自主自决原则是在不违反上述原则的基础上必须遵循的原则，自主并不意味着以剥夺生命权为代价，自决也并不表示可以肆意伤害或剥夺他人生命。

5. 保密原则

保密原则是心理咨询与治疗中极其重要的伦理原则之一，是咨询关系建立的基础，也是伦理总则中尊重这一基本原则的具体体现。保密原则是指咨询师在心理咨询与治疗的过程中有责任保护寻求专业服务者的隐私权，在法律范围内,在没有得到来访者允许的情况下,不可将咨询信息和资料透露给他者。因此,咨询师在做伦理决策时,必须遵循保密原则,尊重来访者的隐私权。但是,在实际的心理咨询过程中,咨询师常常会遇到保密相关的道德伦理困境,咨询师应清楚地了解保密原则的应用有其限度。当面临伦理守则条款3.2提及的情况时,咨询师做伦理决策时可以突破保密原则:"①心理师发现寻求专业服务者有伤害自身或他人的严重危险;②不具备完全民事行为能力的未成年人等受到性侵犯或虐待;③法律规定需要披露的其他情况。"

由于伦理困境的核心是价值观的冲突,受到文化、社会、家庭、群体等诸多因素的制约和影响,并且每个人的价值观不同,这使得价值选择变得更加困难和敏感。因此,在伦理困境中,生命优先、最小伤害原则,事实上也是伦理总则中善行所要求的,应该是咨询师首先要遵从的;咨询师可以发挥主观能动性,根据实际情况对上述原则的优先顺序进行调整。

事实上,上述情况突出反映在伦理守则的总则中。很多时候,咨询师在伦理的各章条款中难以找到与自己遇到的伦理困惑相对应的条款,此时就应该回到总则,根据总则中善行、责任、诚信、公正、尊重的要求进行最终的伦理决策。

四、伦理决策的理论基础

从本质上讲,影响伦理决策的是伦理学的不同范式。在规范伦理学中,功利论、义务论、德性论的伦理学范式是当代主流伦理学的主要理论,他们不同的学科建构基点和价值判断依据深刻影响了伦理决策的启动与过程(张彦,2008)。

从哲学上讲,功利论亦称"功利主义""功用主义",是一种目的论。它根据行为后果的效益来评价行为,强调的是人们行为的结果,而非动机,其原则是利益至上。但是,如果咨询师在进行伦理决策时,受这种功利性追求的影响,可能会片面地追求决策的收益,追求最大的利润;可能会认为在谋求"最大多数人的最大快乐"的同时,可以"道德地"忽略少数人的权利和利益。所以功利主义的价值取向在决策中,往往会导致某些群体或个人产生公益退化的失范行为。

义务论是以动机来判定道德与否的伦理范式,它是根据行为的出发点是否具有伦理上的正当性来评价行为(张彦,2008)。依据义务论原则,只有从"善良意志"出发的行为才是道德的。具体来说,咨询师在进行伦理决策时所遵循的准则是基于动机而不是看最后结果。但是,如果咨询师在遭遇伦理困境时,其决策的出发点是善良的,但由于自身局限性以及认知的有限性,忽视了决策行为可能产生的负面影响,也可能由此造成难以弥补的后果。因此,动机与后果的分离可能对决策结果造成某种不利的影响,例如可能存在好心办坏事的风险。

德性论着眼于行为者本身,从自律的角度出发强调行为者本身的德性对于实践活动的善恶的决定作用(张彦,2008)。根据德性论原则,伦理决策行为更注重专业人员自身的品格。照此推论,似乎在伦理决策的实践过程中,有德性的咨询师能积极从事他们认为正确的事情,而不只是遵守义务;有德性的咨询师会具有敏锐的洞察力,包括敏感度、判断力和理解力,这些能力可带来果决的行动;有德性的咨询师应更具同情心,他们能够采取行动减轻当事人的痛苦;有德性的咨询师也能更好地进行自我觉察,了解自己的假设、信念、偏见是如何影响与他人的互动,进而做出更高水平的决策。但是,道德品质和伦理行为并不能等同,咨询师在决策过程中对道德品质的高度重视可能会导致其忽视对伦理决策行为本身的评价。

图 12.1 伦理决策中三种理论范式关系

综上所述,无论是功利论、义务论还是德性论,都存在一定程度的片面性,都只强调某一方面的重要性,只有将三者结合起来,才能做出合理、科学的伦理决策。

第二节 伦理决策模型与运用

对于伦理决策模型,学界存在不同的看法。有伦理的问题模型,也有伦理时间轴模型;有社会文化建构模型,也有女性主义模型等。本节将列举几个较有影响力的伦理决策模型。

一、问题模型与文化模型

Nash(1981)提出了检验伦理决策的 12 个问题模型。首先必须按照你所发现的问题来定义问题所在,然后在可能的情况下以局外人的眼光来审视它。在做决定时,考虑自己的决策与行为可能会影响到谁,以及向上司或同事披露你的决定的后果,然后分析对所有受影响的人而言这一决定意味着什么。咨询师在面临伦理困境时,可以借助这个问题模型通过询问自己下列问题对伦理决策的效果和科学性进行判断。

(1) 你是否准确地定义了是什么样的问题?

(2) 如果站在对方的立场,你将如何界定这一问题?

(3) 这种情况首次发生时是怎样的?

(4) 作为个体或作为组织的一员,你需要对谁负责任?对什么事负责任?

(5) 在制定决策时,你的目的是什么?

(6) 这一目的可能会导致怎样的结果?

(7) 你的决策和行动可能伤害谁?

(8) 在你做决策前,你会和受影响的当事人讨论所面临的问题吗?

(9) 你是否相信你的观点在未来和现在一样有效?

(10) 你能毫无顾虑地把你的决定或行为告诉你的老板、董事会、家人和整个社会吗?

(11) 如果你的行为能够被人理解,那么它对你和其他人意味着什么?如果被误解了,又会如何?

(12) 在什么情况下你能接受意外事件的发生?

咨询师可以根据伦理困境的实际情况，就以上问题一一澄清，帮助厘清当下伦理困境的原因，以及解决的路径。

当考虑文化因素对伦理决策的影响时，Luke 和 Goodrich 等人(2013)设计了伦理决策的跨文化模型(intercultural model of ethical decision making，IMED)。该模型涉及七个步骤：

(1) 认识到伦理困境中存在文化(C)、宗教(R)、世界观(W)等因素(合称 CRW 因素)的影响，因为咨询师和来访者都生活在多元文化社会中，拥有多种文化身份(例如，性别、种族/文化、性取向、能力水平等)。

(2) 确定与特定案例相关的 CRW 因素，包括督导师在内的各利益相关者；

(3) 确定和回顾机构政策与程序以及相关法律法规和职业道德(伦理)规范，咨询师需要在复杂的、有规则和法律约束的系统中工作。

(4) 向文化学专家(根据适当的伦理和法律标准)咨询，以确保在相关个案中能够准确识别关键的 CRW 因素。

(5) 进行头脑风暴，此步骤分为两个阶段。第一阶段写下每个可能涉及的过程的运作，即咨询师实际要做的工作，以获取做出伦理决定所需的信息。第二阶段，咨询师需要记录他为解决当前困境而可能采取的所有潜在决定或行动方针，并列出备选方案。

(6) 分析潜在行动方案与 CRW 因素的一致性之间的关系(例如，与学校、社区、家庭和个人层面的行动相关的因素)。

(7) 选择、记录和评估最能满足来访者需求的行动方案。

其中，前三个步骤是 IMED 模型特有的。该模型最重要的是从三个方面了解一个或多个文化、宗教、世界观因素的影响，存在伦理困境的可能性，以及咨询师需要寻求的相关信息、政策法规和法律。

在咨询过程中，当咨询师面临两个具有不同内涵但有效性相同的 CRW 因素时，需要平衡所有利益相关者的需求并做出回应。比如，拥有某种信仰、反对堕胎行为的咨询师面对正在考虑堕胎的来访者时，就会产生伦理困境，咨询师需要决定是否要为来访者提供帮助和支持，寻找有关堕胎的信息和资源。

二、Corey 的伦理决策模型及具体步骤

以下我们讨论 Corey 的伦理决策模型，这一模型是在对案例做全面和广泛分析的基础上所建立的，可分为八个步骤(Corey，Corey，Corey，2019)：

(1) 澄清问题与困难所在。

(2) 考虑可能涉及的潜在伦理议题。

(3) 参考相关的伦理守则。

(4) 了解适用的法律和规定。

(5) 寻求其他专业人士的意见。

(6) 收集可能采取的行动方案。

(7) 评估不同决定和行为可能造成的后果。

(8) 选择最适当的行动。

下面我们来详细解读这八个步骤。

1. 澄清问题与困难所在

解决问题的第一步，是弄清楚自己面临的问题是什么。首先需要确认问题涉及的维度，是临床上的、伦理上的、文化上的、还是法律上的？这几个维度之间是否有牵连或者冲突？此外，还需要确认困境的相关利益者，也就是受到这个问题影响的人，包括直接利益相关者，如寻求专业服务者；还有间接利益相关者，比如督导师、来访者的亲属等，以及系统层面利益相关者，如咨询师所在机构的其他工作人员、同一学习小组的成员等。

2. 考虑可能涉及的潜在伦理议题

面对一个伦理困境，咨询师需要增强伦理敏感性，方能对助人专业情境中蕴含的伦理问题有所觉察。在进行伦理决策之前，应先对个案进行批判性的回顾，分析其中所包含的相关伦理因素。例如，如果咨询师和来访者除了专业关系外，还存在非专业的关系时(如商业关系、私人关系或社交关系等)，咨询师就需要考虑多重关系(斯佩里，2012)的影响。咨询师可以遵循一定的思路，比如先从来访者的基本信息着手，包括年龄、文化、民族、职业、性取向、宗教信仰

等。然后可以考虑来访者的家庭以及他(她)与家庭成员之间的关系，考虑来访者的社会关系、与咨询师的关系等。鉴于咨询师的工作目的是使寻求专业服务者从其提供的专业服务中获益，心理师应保障寻求专业服务者的权利(中国心理学会，2018)。因此，这个评估的过程应当遵循善行、责任、诚信、公正和尊重的伦理总则进行。不同的伦理议题可能需要不同的解决方案，因此，咨询师应当将可能牵涉的问题全部列出来，再根据重要程度进行排序。

3. 参考相关的伦理守则

在心理咨询与治疗过程中，伦理守则是咨询师的专业行为及专业责任的伦理规范和指导方针。中国心理学会于 2018 年修订并通过了《中国心理学会临床与咨询心理学工作伦理守则(第二版)》，为咨询师在伦理困境中的行为提供指引。在梳理出可能涉及的潜在伦理议题的基础上，咨询师可以在伦理守则中找出相关议题的条款，看看是否可以为下一步的行动提供方向。如果咨询师所面临的问题伦理守则没有做出明确的界定，咨询师也可以参阅其他相关组织的伦理守则。

4. 了解适用的法律和规定

作为一名咨询师，应该时时将自身的工作置于相关法律法规的框架之中。因此，当咨询师面临伦理困境时，还需要对涉及的法律条文进行梳理和归纳。

为了发展精神卫生事业，规范精神卫生服务，维护精神障碍患者的合法权益，我国自 2013 年 5 月 1 日起施行《中华人民共和国精神卫生法》，为心理咨询与治疗工作的开展提供了一定的法律依据。此外，当问题涉及保密与保密例外，来访者的自主权、隐私权，咨询过程中发现儿童或老人受虐的情况等问题时，特别需要去查询法律条款中对于相关内容的界定。

5. 寻求其他专业人士的意见

寻求其他专业人士的意见是对上述步骤中所考虑因素的补充、核对和确认。当咨询师和来访者距离太近时，可能在思考的过程中存在一些盲区，因而会遗漏一些需要关注的内容。征询其他专业人士的意见和建议，能够为咨询师提供新的观点，也能为处在困境中的咨询师提供支持和帮助。征询对象可以是咨询师的督导师、咨询师的同辈或是其他领域的专业人士。譬如遇到与法律相关的问题时，咨询师可以寻求法律专家的帮助；如果与持不同宗教信仰或来自不同文化地域的来访者工作，咨询师可能需要寻求对特定领域有一定研究的人士的帮助；若来访者有一些病理性的症状，那么与具有临床经验的医学专家交谈将对咨询师颇有帮助。此外，当进行类似的专业咨询时，需要记录征询意见的有关过程和要点，还要注意保密性的问题。

6. 收集可能采取的行动方案

在这个阶段，咨询师需要结合已经收集到的信息，通过"头脑风暴"的形式对可能采取的行动进行思考，并且用思辨的方式考虑这些解决方案在法律、伦理、专业等各方面的可行性。咨询师可以尽可能多地列出选项，即使某些选项可能并不适用。当咨询师对该问题思考清楚之后，可以结合上一步骤，与同事或相关专业人士进行商讨，并且记录讨论过程。

7. 评估不同决定和行为可能造成的后果

在上一步形成各种行动方案之后，咨询师需要实事求是地评估和推理不同的方案将如何直接或间接地影响咨询师、来访者和其他利益相关者，以及每种方案可能导致的结果、潜在的风险和收益，即可以列出每种解决方案的利弊来进行评估。这种评估有助于缩小选择的范围，帮助咨询师选出最具可行性和现实性的行动方案。当然，很重要的一点是征询来访者的意见，这能让来访者感受到自主权和被尊重。咨询师可以和来访者一起审视可能的行动方案，并且讨论某一行动方案可能对来访者造成的影响。在进行这一步时，需要时刻谨记我们的工作是为了来访者的福祉，要把这一准则作为衡量的基准。面对伦理困境时，并非只有唯一解决方案，咨询师可以通过征询专业人士的意见、继续深入思考等方法发现更多的可能性。在这个过程中，咨询师应该做好记录，包括决策制定过程、决策依据、与来访者讨论的结果、专业人士的意见等。如果咨询师所在机构对此方面有要求，咨询师应该将决策告知督导师或者上级领导。

8. 选择最适当的行动

咨询师综合从各个渠道收集到的信息，然后做出最适合的伦理决策并实施。也许咨询师的行动不一定是"最好的"，但是它一定是综合了各种因素之后最适用于当下伦理困境的决策。咨询师可能想要对伦理决策制定过程和决策本身进行评估，可以遵循公开、普遍、道德线索和公正这四项原则(斯佩里，2012)来进行评估。咨询师可以询问自己以下几个问题：如果我的伦理决策被公开，别人会怎么评价我的行为？我会把我的行动方案推荐给其他面临类似处境的人吗？做完决策之后我感觉如何，我的价值观是否受到了挑战？行动方案是否符合专业伦理守则？行动方案是否保护了来访者的福祉？在整个决策过程中，我有什么收获？

决策过程往往具有延续性，因此咨询师需要持续地对自己的行动方案进行评估和反思，并随时记录行动结果、已经采取的措施和对是否需要进一步采取行动的评估。必要时也可以邀请来访者一起回顾整个过程。

伦理决策往往是一个系统性的过程，在这个过程中，咨询师可能会感到有很多股力量在拉扯自己。但只要咨询师时时以来访者的利益为价值追求，以伦理和法律精神为行动标尺，以专业良知为行为信念，在伦理决策的每个步骤中，不断反思，并与来访者、专业人士讨论，相信咨询师可以找到一条适合的解决之道。

三、运用 Corey 的决策模型分析案例

案例 价值观议题(改编自 Corey，Corey，Corey，2019)

文老师是某大学的一名心理老师，她不赞同堕胎的做法。她对一位大学生小夏就其恋爱关系问题进行了三个月的咨询。在咨询的过程中，文老师了解到小夏出生于一个保守的家庭，父母都不知道她恋爱的事情。她的男友也是大学生，他俩都没有经济来源。有一天，小夏突然向文老师透露了自己怀孕的消息，小夏有点拿不定主意该不该要这个孩子，想跟文老师探讨包括堕胎在内的所有可能性。

请思考以下几个问题

1. 如果你是文老师,你会怎么做?
2. 如果文老师因为自己的价值观在咨询中对堕胎的问题无法保持客观中立的态度,她应该怎么办?
3. 如果文老师提出转介,可能会对小夏造成怎样的影响?
4. 如果你是文老师,除了转介,你可以和小夏一起做些什么来处理价值观方面的冲突?
5. 当学校规章制度或者法律对于咨询中的伦理议题(例如大学生未婚先孕及堕胎)没有做出清晰界定的时候,文老师应该怎么办?
6. 小夏非常希望文老师能够明确地告诉她自己应该怎么做,如果你是文老师,你会给出自己的建议吗?
7. 小夏的父母非常传统,小夏十分抗拒让父母知道这件事情,也不想告知男友。如果你是文老师,你会联系她的父母并商讨这件事吗?

分析与讨论

根据 Corey 的模型,第一步我们要澄清这个案例涉及价值观冲突的议题。难点在于当咨询师和来访者的价值观不一致时(文老师不赞成堕胎),咨询师如何做到不把自己的价值观强加于来访者,而是站在来访者的角度,去和来访者一起探索她的选择,这是很重要的。第二步我们需要明确这个案例也涉及保密与保密突破的问题——如果小夏最后决定堕胎,在她自己不肯告知家人或伴侣的情况下,是否要突破保密?也就是说文老师是否需要把相关情况透露给小夏的家长或是伴侣?小夏还没有自己的经济来源,她是否能独立做出堕胎的决定?此外,如果咨询师因为自己的价值取向无法在咨询过程中保持客观中立,不适合与来访者维持专业关系,想要转介来访时,需要考虑的因素有哪些?

第三步,当考虑了可能牵涉的伦理议题之后,我们可以参考以下伦理守则条款。

> 1.5 心理师须尊重寻求专业服务者的文化多元性。心理师应充分觉察自己的价值观，及其对寻求专业服务者的可能影响，并尊重寻求专业服务者的价值观，避免将自己的价值观强加给寻求专业服务者或替其做重要决定。

条款1.5涉及价值观的问题，当咨询师和来访者的价值观不同时，咨询师不应把自己的价值观强加给来访者。所以，在这个案例中，文老师如何搁置自己的价值观与小夏一起工作是值得思考的问题。

> 1.12 心理师认为自己的专业能力不能胜任为寻求专业服务者提供专业服务，或不适合与后者维持专业关系时，应与督导或同行讨论后，向寻求专业服务者明确说明，并本着负责的态度将其转介给合适的专业人士或机构，同时书面记录转介情况。

条款1.12讨论了转介的问题。当咨询师的立场受到了价值观的影响，不能在咨询过程中保持客观中立，想要转介时，需要反思转介可能会对来访者产生的影响以及咨询师为何认为转介是必要的。因为在专业工作中无法维持客观的立场，这是咨询师而非来访者需要解决的问题。在这个问题上，伦理守则仅仅为我们提供了解决问题的思路，为了做出最好的伦理决策，要尽可能让来访者参与到决策过程中。特别是转介，咨询师需要与来访者进行充分的讨论，以避免可能造成的伤害。

第四步，了解适用的法律和规定。考虑到小夏还没有独立生活，在经济上依靠父母，我们还需要去查询法律条款对于这方面的界定。根据《中华人民共和国民法典》："第十七条 十八周岁以上的自然人为成年人。不满十八周岁的自然人为未成年人。第十八条 成年人为完全民事行为能力人，可以独立实施民事法律行为。十六周岁以上的未成年人，以自己的劳动收入为主要生活来源的，视为完全民事行为能力人。"小夏已经成年，在法律上已经是完全民事行为能力人，但是鉴于她还没有自己的收入来源，所以无论堕胎与否，都需要父母在经济上给予一定的支持。然而小夏对于告知父母这件事情十分抗拒，所以咨询师也需要和小夏讨论是否要把这件事情告知她的家人以及她的男友。

除此之外，小夏的案例涉及几个棘手的问题。在小夏知情同意的情况下，我们还需要征询其他专业人士的意见(第五步)，包括督导师、法律界人士等。在听取多方意见之后，可以进行头脑风暴(第六步)，记录能想到的所有可能的行动方案，并且权衡各方案的利弊(第七步)，最后再采取合适的行动(第八步)。需要注意的是，不管是暂且搁置价值观与小夏继续咨询，还是转介，在此过程中，我们需要注意做好记录，也需要和专业人士保持交流，从而做出对来访者负责的决策。

小 结

当咨询师需要做出会对他人产生影响的伦理决策时，不能仅凭直觉，应该基于严谨的思考并综合各方面的因素做出决定。本章重点介绍了 Corey 的伦理决策模型，我们在进行伦理决策时，可以参考 Corey 的八步骤模型。当在伦理守则中找不到具体的可参照的条款时，总则是我们进行伦理决策的重要依据。

这一过程要求我们树立伦理意识，提前了解伦理守则或法律规定，培养一种积极的伦理态度。然而，很多时候，仅仅了解伦理守则并不能帮助我们解决实际工作中遇到的问题，所以我们要在实践中锻炼自己独立思考和反思的能力。伦理问题往往不止有一种解决方式，这也让我们处在一种不确定之中，这种不确定性就像悬在头顶的达摩克利斯之剑，让我们时刻心怀警惕。我们鼓励咨询师接纳这份不确定性，并培养与这种不确定性工作的能力，保持开放的心态和不断学习的态度，积极地应对咨询实践中遇到的各种问题。

思 考 题

1. 你对如何将专业伦理应用到伦理决策中这一问题有什么想法？
2. 当遇到伦理守则中没有做出明确界定的问题时，你会怎么处理？
3. 在本章介绍的伦理决策模型中，你觉得更加适用的是哪一种？为什么？
4. 当遇到问题时，你如何决定自己去找谁督导与帮助？

5. 当个人的价值观与来访者冲突时，你会怎么办？
6. 在哪些情况下，咨询师可能会在无意中伤害到来访者？

参 考 文 献

COREY G，COREY M S，COREY C，2019. 专业助人工作伦理：第 2 版. 修慧兰，林蔚芳，洪莉竹，译. 台北：新加坡圣智学习亚洲私人有限公司台北分公司.

焦金波，王超，李绍伟，2005. 专业社会工作者伦理价值选择之优先序列. 中国矿业大学学报(社会科学版)，7(2): 43-47.

雷默，2000. 社会工作价值与伦理. 包承恩，译. 台北：洪业文化事业有限公司.

李扬，钱铭怡，2011. 心理咨询师与治疗师的价值观及对伦理事件决策的影响. 中国心理卫生杂志，25(12): 890-896.

罗尔斯，1998. 正义论. 何怀宏，何包钢，廖中白，译. 北京：中国社会科学出版社.

斯佩里，2012. 心理咨询的伦理与实践. 侯志瑾，译. 北京：中国人民大学出版社.

维尔福，2010. 心理咨询与治疗伦理：第 3 版. 侯志瑾，李文希，珠玛，等译. 北京：世界图书出版公司北京公司.

吴红梅，刘洪，2006. 西方伦理决策研究述评. 外国经济与管理，(12): 48-55.

张彦，2008. 基于风险考量的伦理决策研究. 自然辩证法研究，(8): 63-67.

赵静波，季建林，2007. 心理咨询和治疗的知情同意原则及其影响因素. 医学与哲学(人文社会医学版)，28(4): 45-47.

中国心理学会，2018. 中国心理学会临床与咨询心理学工作伦理守则：第 2 版. 心理学报，50(11): 1314-1322.

NASH L L，1981. Ethics without sermon. Harvard Business Review, 59(6): 79-90.

LUKE M, GOODRICH K M, GILBRIDE D D, et al.，2013. Intercultural model of ethical decision making: addressing worldview dilemmas in school counseling. Counseling and Values, 58(2): 177-194.

【附录 1】

中国心理学会
临床与咨询心理学工作伦理守则(第二版)*

(自 2018 年 7 月 1 日起执行)

《中国心理学会临床与咨询心理学工作伦理守则(第二版)》(以下简称《守则》)和《中国心理学会临床与咨询心理学专业机构和专业人员注册标准(第二版)》由中国心理学会授权临床心理学注册工作委员会在《中国心理学会临床与咨询心理学工作伦理守则》和《中国心理学会临床与咨询心理学专业机构和专业人员注册标准》基础上修订。

制定本《守则》旨在揭示临床与咨询心理学服务工作具有教育性、科学性与专业性,促使心理师、寻求专业服务者以及广大民众了解本领域专业伦理的核心理念和专业责任,以保证和提升专业服务的水准,保障寻求专业服务者和心理师的权益,提升民众心理健康水平,促进和谐社会发展。本《守则》亦作为本学会临床与咨询心理学注册心理师的专业伦理规范以及本学会处理有关临床与咨询心理学专业伦理投诉的主要依据和工作基础。

总则

善行:心理师的工作目的是使寻求专业服务者从其提供的专业服务中获益。心理师应保障寻求专业服务者的权利,努力使其得到适当的服务并避免伤害。

责任:心理师应保持其服务工作的专业水准,认清自己的专业、伦理及法律责任,维护专业信誉,并承担相应的社会责任。

诚信:心理师在工作中应做到诚实守信,在临床实践、研究及发表、教学工作以及各类媒体的宣传推广中保持真实性。

---

* 转引自:中国心理学会. 中国心理学会临床与咨询心理学工作伦理守则(第二版). 心理学报,2018,50(11): 1314-1322.

公正：心理师应公平、公正地对待专业相关的工作及人员，采取谨慎的态度防止自己潜在的偏见、能力局限、技术限制等导致的不适当行为。

尊重：心理师应尊重每位寻求专业服务者，尊重其隐私权、保密性和自我决定的权利。

1. 专业关系

心理师应按照专业的伦理规范与寻求专业服务者建立良好的专业工作关系。这种工作关系应以促进寻求专业服务者成长和发展、从而增进其利益和福祉为目的。

1.1 心理师应公正对待寻求专业服务者，不得因年龄、性别、种族、性取向、宗教信仰和政治立场、文化水平、身体状况、社会经济状况等因素歧视对方。

1.2 心理师应充分尊重和维护寻求专业服务者的权利，促进其福祉；应当避免伤害寻求专业服务者、学生或研究被试。如果伤害可预见，心理师应在对方知情同意的前提下尽可能避免，或将伤害最小化；如果伤害不可避免或无法预见，心理师应尽力使伤害程度降至最低，或在事后设法补救。

1.3 心理师应依照当地政府要求或本单位规定恰当收取专业服务费用。心理师在进入专业工作关系之前，要向寻求专业服务者清楚地介绍和解释其服务收费情况。

1.4 心理师不得以收受实物、获得劳务服务或其他方式作为其专业服务的回报，以防止引发冲突、剥削、破坏专业关系等潜在危险。

1.5 心理师须尊重寻求专业服务者的文化多元性。心理师应充分觉察自己的价值观，及其对寻求专业服务者的可能影响，并尊重寻求专业服务者的价值观，避免将自己的价值观强加给寻求专业服务者或替其做重要决定。

1.6 心理师应清楚认识自身所处位置对寻求专业服务者的潜在影响，不得利用其对自己的信任或依赖剥削对方、为自己或第三方谋取利益。

1.7 心理师要清楚了解多重关系(例如与寻求专业服务者发展家庭、社交、经济、商业或其他密切的个人关系)对专业判断可能造成的不利影响及损害寻求专业服务者福祉的潜在危险，尽可能避免与后者发生多重关系。在多重关系不可避免时，应采取专业措施预防可能的不利影响，例如签署知情同意书、告知多重关系可能的风险、寻求专业督导、做好相关记录，以确保多重关系不会影响自己的专业判断，并且不会危害寻求专业服务者。

1.8　心理师不得与当前寻求专业服务者或其家庭成员发生任何形式的性或亲密关系，包括当面和通过电子媒介进行的性或亲密沟通与交往。心理师不得给与自己有过性或亲密关系者做心理咨询或心理治疗。一旦关系超越了专业界限(例如开始性和亲密关系)，应立即采取适当措施(例如寻求督导或同行建议)，并终止专业关系。

1.9　心理师在与寻求专业服务者结束心理咨询或治疗关系后至少三年内，不得与其或其家庭成员发生任何形式的性或亲密关系，包括当面和通过电子媒介进行的性或亲密的沟通与交往。三年后如果发展此类关系，要仔细考察该关系的性质，确保此关系不存在任何剥削、控制和利用的可能性，同时要有可查证的书面记录。

1.10　心理师和寻求专业服务者存在除性或亲密关系以外的其他非专业关系，如可能伤害后者，应当避免与其建立专业关系。与朋友及亲人间无法保持客观、中立，心理师不得与他们建立专业关系。

1.11　心理师不得随意中断心理咨询与治疗工作。心理师出差、休假或临时离开工作地点外出时，要尽早向寻求专业服务者说明，并适当安排已经开始的心理咨询或治疗工作。

1.12　心理师认为自己的专业能力不能胜任为寻求专业服务者提供专业服务，或不适合与后者维持专业关系时，应与督导或同行讨论后，向寻求专业服务者明确说明，并本着负责的态度将其转介给合适的专业人士或机构，同时书面记录转介情况。

1.13　寻求专业服务者在心理咨询与治疗中无法获益，心理师应终止该专业关系。若受到寻求专业服务者或相关人士的威胁或伤害，或其拒绝按协议支付专业服务费用，心理师可终止专业服务关系。

1.14　本专业领域内，不同理论学派的心理师应相互了解、相互尊重。心理师开始服务时，如知晓寻求专业服务者已经与其他同行建立了专业服务关系，而且目前没有终止或者转介时,应建议寻求专业服务者继续在同行处寻求帮助。

1.15　心理师与心理健康服务领域同行(包括精神科医师/护士、社会工作者等)的交流和合作会影响对寻求专业服务者的服务质量。心理师应与相关同行建立积极的工作关系和沟通渠道,以保障寻求专业服务者的福祉。

1.16　在机构中从事心理咨询与治疗的心理师未经机构允许,不得将自己在该机构中的寻求专业服务者转介为个人接诊的来访者。

1.17　心理师将寻求专业服务者转介至其他专业人士或机构时,不得收取任何费用,也不得向第三方支付与转介相关的任何费用。

1.18　心理师应清楚了解寻求专业服务者赠送礼物对专业关系的影响。心理师在决定是否收取寻求专业服务者的礼物时需考虑以下因素:专业关系、文化习俗、礼物的金钱价值、赠送礼物的动机以及自己接受或拒绝礼物的动机。

2. 知情同意

寻求专业服务者可以自由选择是否开始或维持一段专业关系,且有权充分了解关于专业工作的过程和心理师的专业资质及理论取向。

2.1　心理师应确保寻求专业服务者了解自己与寻求专业服务者双方的权利、责任,明确介绍收费设置,告知寻求专业服务者享有的保密权利、保密例外情况以及保密界限。心理师应认真记录评估、咨询或治疗过程中有关知情同意的讨论过程。

2.2　心理师应知晓,寻求专业服务者有权了解下列事项:(1)心理师的资质、所获认证、工作经验以及专业工作理论取向;(2)专业服务的作用;(3)专业服务的目标;(4)专业服务所采用的理论和技术;(5)专业服务的过程和局限;(6)专业服务可能带来的好处和风险;(7)心理测量与评估的意义,以及测验和结果报告的用途。

2.3　与被强制要求接受专业服务人员工作时,心理师应当在专业工作开始时与其讨论保密原则的强制界限及相关依据。

2.4　寻求专业服务者同时接受其他心理健康服务领域专业工作者的服务时,心理师可以根据工作需要,在征得其同意后,联系其他心理健康服务领域专业工作者并与他们沟通，以更好地为其服务。

2.5 只有在得到寻求专业服务者书面同意的情况下，心理师才能对心理咨询或治疗过程录音、录像或进行教学演示。

3. 隐私权和保密性

心理师有责任保护寻求专业服务者的隐私权，同时明确认识到隐私权在内容和范围上受国家法律和专业伦理规范的保护和约束。

3.1 专业服务开始时，心理师有责任向寻求专业服务者说明工作的保密原则及其应用的限度、保密例外情况并签署知情同意书。

3.2 心理师应清楚地了解保密原则的应用有其限度，下列情况为保密原则的例外。(1)心理师发现寻求专业服务者有伤害自身或他人的严重危险；(2)不具备完全民事行为能力的未成年人等受到性侵犯或虐待；(3)法律规定需要披露的其他情况。

3.3 遇到 3.2(1)和(2)的情况，心理师有责任向寻求专业服务者的合法监护人、可确认的潜在受害者或相关部门预警；遇到 3.2(3)的情况，心理师有义务遵守法律法规，并按照最低限度原则披露有关信息，但须要求法庭及相关人员出示合法的正式文书，并要求他们注意专业服务相关信息的披露范围。

3.4 心理师应按照法律法规和专业伦理规范在严格保密的前提下创建、使用、保存、传递和处理专业工作相关信息(如个案记录、测验资料、信件、录音、录像等)。心理师可告知寻求专业服务者个案记录的保存方式，相关人员(例如同事、督导、个案管理者、信息技术员)有无权限接触这些记录等。

3.5 心理师因专业工作需要在案例讨论或教学、科研、写作中采用心理咨询或治疗案例，应隐去可能辨认出寻求专业服务者的相关信息。

3.6 心理师在教学培训、科普宣传中，应避免使用完整案例，如果有可辨识身份的个人信息(如姓名、家庭背景、特殊成长或创伤经历、体貌特征等)，须采取必要措施保护当事人隐私。

3.7 如果由团队为寻求专业服务者服务，应在团队内部确立保密原则，只有确保寻求专业服务者隐私受到保护时才能讨论其相关信息。

4. 专业胜任力和专业责任

心理师应遵守法律法规和专业伦理规范，以科学研究为依据，在专业界限和个人能力范围内以负责任的态度开展评估、咨询、治疗、转介、同行督导、实习生指导以及研究工作。心理师应不断更新专业知识，提升专业胜任力，促进个人身心健康水平，以更好地满足专业工作的需要。

4.1 心理师应在专业能力范围内，根据自己所接受的教育、培训和督导的经历和工作经验，为适宜人群提供科学有效的专业服务。

4.2 心理师应规范执业，遵守执业场所、机构、行业的制度。

4.3 心理师应关注保持自身专业胜任力，充分认识继续教育的意义，参加专业培训，了解专业工作领域的新知识及新进展，必要时寻求专业督导。缺乏专业督导时，应尽量寻求同行的专业帮助。

4.4 心理师应关注自我保健，警惕因自己身心健康问题伤害服务对象的可能性，必要时寻求督导或其他专业人员的帮助，或者限制、中断、终止临床专业服务。

4.5 心理师在工作中介绍和宣传自己时，应实事求是地说明专业资历、学历、学位、专业资格证书、专业工作等。心理师不得贬低其他专业人员，不得以虚假、误导、欺瞒的方式宣传自己或所在机构、部门。

4.6 心理师应承担必要的社会责任，鼓励心理师为社会提供部分专业工作时间做低经济回报、公益性质的专业服务。

5. 心理测量与评估

心理测量与评估是咨询与治疗工作的组成部分。心理师应正确理解心理测量与评估手段在临床服务中的意义和作用，考虑被测量者或被评估者的个人特征和文化背景，恰当使用测量与评估工具来促进寻求专业服务者的福祉。

5.1 心理测量与评估旨在促进寻求专业服务者的福祉，其使用不应超越服务目的和适用范围。心理师不得滥用心理测量或评估。

5.2 心理师应在接受相关培训并具备适当专业知识和技能后，实施相关测量或评估工作。

5.3 心理师应根据测量目的与对象,采用自己熟悉、已在国内建立并证实信度、效度的测量工具。若无可靠信度、效度数据,需要说明测验结果及解释的说服力和局限性。

5.4 心理师应尊重寻求专业服务者了解和获得测量与评估结果的权利,在测量或评估后对结果给予准确、客观、对方能理解的解释,避免后者误解。

5.5 未经寻求专业服务者授权,心理师不得向非专业人员或机构泄露其测验和评估的内容与结果。

5.6 心理师有责任维护心理测验材料(测验手册、测量工具和测验项目等)和其他评估工具的公正、完整和安全,不得以任何形式向非专业人员泄露或提供不应公开的内容。

6. 教学、培训和督导

从事教学、培训和督导工作的心理师应努力发展有意义、值得尊重的专业关系,对教学、培训和督导持真诚、认真、负责的态度。

6.1 心理师从事教学、培训和督导工作旨在促进学生、被培训者或被督导者的个人及专业成长和发展,教学、培训和督导工作应有科学依据。

6.2 心理师从事教学、培训和督导工作时应持多元的理论立场,让学生、被培训者或被督导者有机会比较,并发展自己的理论立场。督导者不得把自己的理论取向强加于被督导者。

6.3 从事教学、培训和督导工作的心理师应基于其教育训练、被督导经验、专业认证及适当的专业经验,在胜任力范围内开展相关工作,且有义务不断加强自己的专业能力和伦理意识。督导者在督导过程中遇到困难,也应主动寻求专业督导。

6.4 从事教学、培训和督导工作的心理师应熟练掌握专业伦理规范,并提醒学生、被培训者或被督导者遵守伦理规范和承担专业伦理责任。

6.5 从事教学、培训工作的心理师应采取适当措施设置和计划课程,确保教学及培训能够提供适当的知识和实践训练,达到教学或培训目标。

6.6 承担教学任务的心理师应向学生明确说明自己与实习场所督导者各

自的角色与责任。

6.7 担任培训任务的心理师在进行相关宣传时应实事求是，不得夸大或欺瞒。心理师应有足够的伦理敏感性，有责任采取必要措施保护被培训者个人隐私和福祉。心理师作为培训项目负责人时，应为该项目提供足够的专业支持和保证，并承担相应责任。

6.8 担任督导任务的心理师应向被督导者说明督导目的、过程、评估方式及标准，告知督导过程中可能出现的紧急情况，中断、终止督导关系的处理方法。心理师应定期评估被督导者的专业表现，并在训练方案中提供反馈，以保障专业服务水准。考评时，心理师应实事求是，诚实、公平、公正地给出评估意见。

6.9 从事教学、培训和督导工作的心理师应审慎评估其学生、被培训者或被督导者的个体差异、发展潜能及能力限度，适当关注其不足，必要时给予发展或补救机会。对不适合从事心理咨询或治疗工作的专业人员，应建议其重新考虑职业发展方向。

6.10 承担教学、培训和督导任务的心理师有责任设定清楚、适当、具文化敏感度的关系界限；不得与学生、被培训者或被督导者发生亲密关系或性关系；不得与有亲属关系或亲密关系的专业人员建立督导关系；不得与被督导者卷入心理咨询或治疗关系。

6.11 从事教学、培训或督导工作的心理师应清楚认识自己在与学生、被培训者或被督导者关系中的优势，不得以工作之便利用对方为自己或第三方谋取私利。

6.12 承担教学、培训或督导任务的心理师应明确告知学生、被培训者或被督导者，寻求专业服务者有权了解提供心理咨询或治疗者的资质；他们若在教学、培训和督导过程中使用后者的信息，应事先征得其同意。

6.13 承担教学、培训或督导任务的心理师对学生、被培训者或被督导者在心理咨询或治疗中违反伦理的情形应保持敏感，若发现此类情形应与他们认真讨论，并为保护寻求专业服务者的福祉及时处理；对情节严重者，心理师有责任向本学会临床心理学注册工作委员会伦理工作组或其他适合的权威机构举报。

7. 研究和发表

心理师应以科学的态度研究并增进对专业领域相关现象的了解，为改善专业领域做贡献。以人类为被试的科学研究应遵守相应的研究规范和伦理准则。

7.1 心理师的研究工作若以人类作为研究对象，应尊重人的基本权益，遵守相关法律法规、伦理准则以及人类科学研究的标准。心理师应负责被试的安全，采取措施防范损害其权益，避免对其造成躯体、情感或社会性伤害。若研究需得到相关机构审批，心理师应提前呈交具体研究方案以供伦理审查。

7.2 心理师的研究应征求被试知情同意；若被试没有能力做出知情同意，应获得其法定监护人知情同意；应向被试(或其监护人)说明研究性质、目的、过程、方法、技术、保密原则及局限性，被试可能体验到的身体或情绪痛苦及干预措施，预期获益、补偿；研究者和被试各自的权利和义务，研究结果的传播形式及其可能的受众群体等。

7.3 免知情同意仅限于以下情况：(1)有理由认为不会给被试造成痛苦或伤害的研究，包括①正常教学实践研究、课程研究或在教学背景下进行的课堂管理方法研究；②仅用匿名问卷、以自然观察方式进行的研究或文献研究，其答案未使被试触犯法律、未损害其财务状况、职业或声誉，且隐私得到保护；③在机构背景下进行的工作相关因素研究，不会危及被试的职业，且其隐私得到保护。(2)法律、法规或机构管理规定允许的研究。

7.4 被试参与研究，有随时撤回同意和不再继续参与的权利，并且不会因此受到任何惩罚，而且在适当情况下应获得替代咨询、治疗干预或处置。心理师不得以任何方式强制被试参与研究。干预或实验研究需要对照组时，需适当考虑对照组成员的福祉。

7.5 心理师不得用隐瞒或欺骗手段对待被试，除非这种方法对预期研究结果必要、且无其他方法代替。研究结束后，必须向被试适当说明。

7.6 禁止心理师和当前被试通过面对面或任何媒介发展涉及性或亲密关系的沟通和交往。

7.7 撰写研究报告时，心理师应客观地说明和讨论研究设计、过程、结果及局限性，不得采用或编造虚假不实的信息或资料，不得隐瞒与研究预期、理论观点、机构、项目、服务、主流意见或既得利益相悖的结果，并声明利益冲突；如果发现已发表研究有重大错误，应更正、撤销、勘误或以其他合适的方式公开纠正。

7.8 心理师撰写研究报告时应注意对被试的身份保密(除非得到其书面授权)，妥善保管相关资料。

7.9 心理师在发表论著时不得剽窃他人成果，引用其他研究者或作者的言论或资料应按照学术规范或国家标准注明原著者及资料来源。

7.10 心理师科研、写作若采用心理咨询或心理治疗案例，应确保隐匿可辨认出寻求专业服务者的信息。涉及寻求专业服务者的案例报告，应与其签署知情同意书。

7.11 全文或文中重要部分已登载于某期刊或已出版著作，心理师不得在未获原出版单位许可情况下再次投稿；同一篇稿件或主要数据相同的稿件不得同时向多家期刊投稿。

7.12 研究工作由心理师与同行一起完成时，著述应以适当方式注明全部作者、有特殊贡献者，心理师不得以个人名义发表或出版。论著主要内容源于学生的研究报告或论文，应取得学生许可并将其列为主要作者之一。

7.13 心理师审阅学术报告、文稿、基金申请或研究计划时应尊重其保密性和知识产权。心理师应审阅在自己能力范围内的材料，并避免审查工作受个人偏见影响。

8. 远程专业工作(网络/电话咨询)

心理师有责任告知寻求专业服务者远程专业工作的局限性，使其了解远程专业工作与面对面专业工作的差异。寻求专业服务者有权选择是否在接受专业服务时使用网络/电话咨询。远程工作的心理师有责任考虑相关议题，并遵守相应的伦理规范。

8.1 心理师通过网络/电话提供专业服务时，除了常规知情同意外，还需要帮助寻求专业服务者了解并同意下列信息：(1)远程服务所在的地理位置、时差和联系信息；(2)远程专业工作的益处、局限和潜在风险；(3)发生技术故障的可能性及处理方案；(4)无法联系到心理师时的应急程序。

8.2　心理师应告知寻求专业服务者电子记录和远程服务过程在网络传输中保密的局限性，告知寻求专业服务者相关人员(同事、督导、个案管理者、信息技术员)有无权限接触这些记录和咨询过程。心理师应采取合理预防措施(例如设置用户开机密码、网站密码、咨询记录文档密码等)以保证信息传递和保存过程中的安全性。

8.3　心理师远程工作时须确认寻求专业服务者真实身份及联系信息，也需确认双方具体地理位置和紧急联系人信息，以确保后者出现危机状况时可有效采取保护措施。

8.4　心理师通过网络/电话与寻求专业服务者互动并提供专业服务时，应全程验证后者真实身份，确保对方是与自己达成协议的对象。心理师应提供专业资质和专业认证机构的电子链接，并确认电子链接的有效性以保障寻求专业服务者的权利。

8.5　心理师应明白与寻求专业服务者保持专业关系的必要性。心理师应与后者讨论并建立专业界限。寻求专业服务者或心理师认为远程专业工作无效时，心理师应考虑采用面对面服务形式。如果心理师无法提供面对面服务，应帮助对方转介。

9. 媒体沟通与合作

心理师通过公众媒体(电台、电视、报纸、网络等)和自媒体从事专业活动，或以专业身份开展(讲座、演示、访谈、问答等)心理服务，与媒体相关人员合作与沟通需要遵守下列伦理规范。

9.1　心理师及其所在机构应与媒体充分沟通，确认合作方了解心理咨询与治疗的专业性质与专业伦理，提醒其自觉遵守伦理规范，承担社会责任。

9.2　心理师应在专业胜任力范围内，根据自己的教育、培训和督导经历、工作经验与媒体合作，为不同人群提供适宜而有效的专业服务。

9.3　心理师如与媒体长期合作，应特别考虑可能产生的影响，并与合作方签署包含伦理款项的合作协议，包括合作目的、双方权利与义务、违约责任及协议解除等。

9.4 心理师应与拟合作媒体就如何保护寻求专业服务者个人隐私商讨保密事宜,包括保密限制条件以及对寻求专业服务者信息的备案、利用、销毁等,并将有关设置告知寻求专业服务者,并告知其媒体传播后可能带来的影响,由其决定是否同意在媒体上自我暴露、是否签署相关协议。

9.5 心理师通过公众媒体(电台、电视、出版物、网络等)从事课程、讲座、演示等专业活动或以专业身份提供解释、分析、评论、干预时,应尊重事实,基于专业文献和实践发表言论。其言行皆应遵循专业伦理规范,避免伤害寻求专业服务者、误导大众。

9.6 心理师接受采访时应要求媒体如实报道。文章发表前应经心理师本人审核确认。如发现媒体发布与自己个人或单位相关的错误、虚假、欺诈和欺骗的信息,或其报道断章取义,心理师应依据有关法律法规和伦理准则要求媒体予以澄清、纠正、致歉,以维护专业声誉、保障受众利益。

10. 伦理问题处理

心理师应在日常专业工作中践行专业伦理规范,并遵守有关法律法规。心理师应努力解决伦理困境,与相关人员直接而开放的沟通,必要时向督导及同行寻求建议或帮助。本学会临床心理学注册工作委员会设有伦理工作组,提供与本伦理守则有关的解释,接受伦理投诉,并处理违反伦理守则的案例。

10.1 心理师应当认真学习并遵守伦理守则,缺乏相关知识、误解伦理条款都不能成为违反伦理规范的理由。

10.2 心理师一旦觉察自己工作中有失职行为或对职责有误解,应尽快采取措施改正。

10.3 若本学会专业伦理规范与法律法规冲突,心理师必须让他人了解自己的行为符合专业伦理,并努力解决冲突。如这种冲突无法解决,心理师应以法律和法规作为其行动指南。

10.4 如果心理师所在机构的要求与本学会伦理规范有矛盾之处,心理师需澄清矛盾的实质,表明自己有按专业伦理规范行事的责任。心理师应坚持伦理规范并合理解决伦理规范与机构要求的冲突。

10.5 心理师若发现同行或同事违反了伦理规范,应规劝;规劝无效则通过适当渠道反映问题。如其违反伦理行为非常明显,且已造成严重危害,或违反伦理的行为无合适的非正式解决途径,心理师应当向临床心理学注册工作委员会伦理工作组或其他适合的权威机构举报,以保护寻求专业服务者的权益,维护行业声誉。心理师如不能确定某种情形或行为是否违反伦理规范,可向临床心理学注册工作委员会伦理工作组或其他适合的权威机构寻求建议。

10.6 心理师有责任配合临床心理学注册工作委员会伦理工作组调查可能违反伦理规范的行为并采取行动。心理师应了解对违反伦理规范的处理申诉程序和规定。

10.7 伦理投诉案件的处理必须以事实为根据,以伦理守则相关条文为依据。

10.8 违反伦理守则者将按情节轻重给予以下处罚:(1)警告;(2)严重警告,被投诉者必须在指定期限内完成不少于 16 学时的专业伦理培训或/和临床心理学注册工作委员会伦理工作组指定的惩戒性任务;(3)暂停注册资格,暂停期间被投诉者不能使用注册督导师、注册心理师或注册助理心理师身份工作,同时暂停其相关权利(选举权、被选举权、推荐权、专业晋升申请等),必须在指定期限内完成不少于 24 学时的专业伦理培训或/和临床心理学注册工作委员会伦理工作组指定的惩戒性任务,如果不当行为得以改正则由临床心理学注册工作委员会评估讨论后,取消暂停使用注册资格的决定,恢复其注册资格;(4)永久除名,取消注册资格后,临床心理学注册工作委员会不再受理其重新注册申请,并保留向相关部门通报的权利。

10.9 反对以不公正态度或报复方式提出有关伦理问题的投诉。

附1:《守则》包含的专业名词定义

临床心理学(clinical psychology):心理学分支学科之一。它既提供相关心理学知识,也运用这些知识理解和促进个体或群体心理健康、身体健康和社会适应。临床心理学注重个体和群体心理问题研究,并治疗严重心理障碍(包括人格障碍)。

咨询心理学(counseling psychology)：心理学分支学科之一。它运用心理学知识理解和促进个体或群体心理健康、身体健康和社会适应。咨询心理学关注个体日常生活的一般性问题，以增进其良好的心理适应能力。

心理咨询(counseling)：基于良好的咨询关系，经训练的临床与咨询专业人员运用咨询心理学理论和技术，消除或缓解求助者心理困扰，促进其心理健康与自我发展。心理咨询侧重一般人群的发展性咨询。

心理治疗(psychotherapy)：基于良好的治疗关系，经训练的临床与咨询专业人员运用临床心理学有关理论和技术，矫治、消除或缓解患者心理障碍或问题，促进其人格向健康、协调的方向发展。心理治疗侧重心理疾患的治疗和心理评估。

心理师(clinical and counseling psychologist)：系统学习过临床与咨询心理学专业知识、接受过系统的心理治疗与咨询专业技能培训和实践督导，正从事心理咨询和心理治疗工作，并在中国心理学会有效注册的督导师、心理师、助理心理师。心理师包括临床心理师(clinical psychologist)和咨询心理师(counseling psychologist)。二者界定依赖于申请者学位培养方案中的名称。

督导师(supervisor)：从事临床与咨询心理学相关教学、培训、督导等心理师培养工作、达到中国心理学会督导师注册条件并有效注册的资深心理师。

寻求专业服务者(professional service seeker)：来访者(client)、精神障碍患者(patient)或其他需要接受心理咨询或心理治疗专业服务的求助者。

剥削(exploitation)：个人或团体违背他人意愿或在其不知情时，无偿占有其劳动成果，或不当利用其所拥有的物质、经济和心理资源，谋取利益或得到心理满足。

福祉(welfare)：个体、团体或公众的健康、利益、心理成长和幸福。

多重关系(multiple relationships)：心理师与寻求专业服务者间除心理咨询或治疗关系外，存在其他社会关系。除专业关系外，还有一种社会关系为双重关系(dual relationships)，还有两种以上社会关系为多重关系。

亲密关系(romantic relationship)：人与人之间所产生的紧密情感联系，如恋人、同居和婚姻关系。

远程专业工作(remote counseling)：通过网络、电话等电子媒介进行、非面对面心理健康服务方式。

附2：修改说明

中国心理学会临床与咨询心理学工作伦理守则(第二版)修订工作及主要修订内容

《中国心理学会临床与咨询心理学工作伦理守则》第一版于2007年发布，已应用十年。伦理守则修订工作萌发于2014年中国心理学会临床心理学注册工作委员会(以下简称"注册工作委员会")的委员工作会议，2016年2月正式启动修订工作，历时两年完成。

1. 伦理守则修订过程

伦理守则修订工作在中国心理学会领导下，由第三届注册工作委员会组织，伦理工作组修改内容，标准制定工作组审定。组长是樊富珉，副组长是陈向一、侯志瑾，成员包括徐凯文、田成华、刘军、韩布新、王欣、瞿伟、谢钢、肖旭、张海音、张宁，协调人是安芹。

2016年2~4月，伦理工作组全体委员按主题分工，每一章请两位熟悉或擅长各主题的委员合作修订，从心理学背景、医学背景等角度相互补充，两位委员充分讨论交换修订意见；5月，收集汇总后形成第二版草稿，交伦理工作组正、副组长审核，形成第二版初稿；6月，将第二版初稿发给伦理工作组全体委员，充分考虑以备讨论；7月，伦理工作组举行伦理守则修订第一次研讨会，全体委员讨论后形成第二版第1稿；8~12月，第二版第1稿继续征集意见；2017年2月，成立伦理守则修订工作小组，组长樊富珉，成员刘军、田成华、徐凯文、安芹；并举行伦理守则修订第二次研讨。工作小组逐条讨论，形成第二版第2稿；3~6月，伦理工作组组长等审阅后修改形成第二版第3稿，于2017年6月提交注册工作委员会注册标准制定工作组。

2017年6月，第三届临床心理学注册工作委员会常务委员会、临床心理学注册工作委员注册标准制定工作组审议修改后形成伦理守则第二版第4稿；7月，临床心理学注册工作委员会全体委员工作会议听取了伦理守则修改进展汇报,并进一步征集意见、修改,提交第三届临床心理学注册工作委员会主任、副主任委员审阅,形成第二版征求意见稿。

2017年8~9月,第二版伦理守则(征求意见稿)面向注册系统成员、专业人员广泛征求意见,10月2日完成收集意见并由注册标准制定工作组再次修订、审议,并聘请律师审阅;2018年1月形成第二版送审稿。

2018年1月22日临床心理学注册工作委员会正式提交伦理守则第二版(二版),请中国心理学会常务理事会审议;2018年2月8日收到中国心理学会秘书处通知,学会常务理事会审议并通过了伦理守则第二版(二版)。

2018年5月至7月,请北京大学出版社编辑赵晴雪和注册系统安芹、韩布新、钱铭怡、贾晓明最后修改完善伦理二版的文字表述及逻辑结构。王智弘、段昌明、汤梅、黄蘅玉等在中国台湾及海外的同行均对伦理守则(二版)提供了有益的意见和建议。

2. 伦理守则(第二版)的主要变化

伦理守则第二版内容比第一版更为丰富,对比如附表1.1所示。

附表1.1 两版伦理守则内容对比

第一版(2007)	第二版(2018)
专业关系(13条)	专业关系(18条)
	知情同意(5条)
隐私权与保密性(7条)	隐私权与保密性(7条)
职业责任(6条)	专业胜任力和专业责任(6条)
心理测量与评估(6条)	心理测量与评估(6条)
教学、培训与督导(7条)	教学、培训与督导(13条)
研究与发表(9条)	研究与发表(13条)
	远程专业工作(网络、电话咨询)(5条)
	媒体沟通与合作(6条)
伦理问题处理(8条)	伦理问题处理(9条)

3. 伦理守则(第二版)主要修订内容

(1) 增加三个章节。

增加第 2 章知情同意。知情同意是规范专业心理服务设置的必需环节，在咨询、研究、教学、报道中同样重要。单章列出的知情同意具体翔实，强调寻求专业服务者可以自由选择是否开始或维持一段专业关系，且有权充分了解专业工作过程、心理师的专业资质及理论取向。条款明确心理师应确保寻求专业服务者了解双方的权利、责任，明确介绍收费设置，告知寻求专业服务者享有的保密权利、保密例外情况以及保密界限，心理师应认真记录评估、咨询或治疗过程中有关知情同意的讨论等。

增加第 8 章远程专业工作。顺应远程专业工作的急剧扩张形式，伦理守则首次涉及相关伦理。基本内容强调心理师有责任告知寻求专业服务者远程专业工作的局限性，寻求专业服务者有权选择是否在接受专业服务时使用网络/电话咨询。具体条款明确提出远程专业工作特殊的知情同意细则,应告知寻求专业服务者电子记录和远程服务过程在网络传输中的保密局限性以及应采取的合理预防措施，在后者出现危机状况时可采取的有效安全保护措施；心理师应提供自己相关执照、资质和专业认证机构的电子链接便于寻求专业服务者了解，应明白与寻求专业服务者保持专业关系的必要性，并与其一起讨论并建立专业界限等。

增加第 9 章媒体沟通与合作。专业人士需与媒体合作与沟通。心理师通过公众媒体(如电台、电视、报纸、网络等)和自媒体从事专业活动或以专业身份开展心理服务(如讲座、演示、访谈、问答等)的过程中，与媒体相关人员合作与沟通需要遵守伦理规范。具体条款提出心理师及其所在机构应确认合作方明确了解心理咨询与治疗的专业性质与专业伦理，提醒其自觉遵守伦理规范，承担社会责任。心理师如果与媒体长期合作，应特别考虑可能产生的专业影响，应与拟合作媒体就如何保护寻求专业服务者的个人隐私，商讨保密相关事宜。心理师通过公众媒体(如电台、电视、报纸、出版物、网络等)从事讲课、讲座、演示等专业活动或以专业身份提供解释、分析、评论、干预时，应基于恰当的专业文献和实践依据发表言论；言行皆应遵循专业伦理规范，避免伤害同仁和寻求专业服务者，防止误导受众等。

(2) 细化原有章节内容。

以第1章专业关系为例,内容更接地气,回应当下困惑。专业关系一直是专业工作伦理重点关注的方面,伴随专业发展出现了一些新情况。第二版特别增加转介与收费相关规范,在专业关系中始终以增进寻求专业服务者的利益和福祉为目的;在机构中从事心理咨询与治疗的心理师未经机构允许转介为个人接诊,若为心理师自己谋利是不适当的;还规定心理师不得因将寻求专业服务者转介至其他专业人士或机构而收取任何费用;提出不同流派心理师之间以及与精神科医师、精神科护士、社会工作者等心理健康服务领域同行的交流和合作指导原则。

以第6章教学、培训和督导为例,内容更符合现实具体情况。结合专业人员对督导专业工作的需求加大、目前督导师资源有限而咨询师的理论取向多元化的现实,守则第二版特别要求督导不能把自己的理论取向强加给被督导者;虽未明确要求从事督导工作的一定是督导师,但从专业胜任力、督导关系及工作过程等不同角度明确了担任教学、培训或督导任务的心理师必须承担的责任。

以第7章研究和发表为例,内容更加翔实、细致。心理师的研究工作若以人为对象,应尊重人的基本权益。第二版明确要采取措施避免伤害研究对象的躯体、情感或社会性;研究需要得到相关机构的伦理审批,心理师应提前提交具体研究方案以供伦理审查。具体条款还包含受试者权利、结果报告、保密、投稿作者署名以及专业评审等情况。

4. 伦理守则(第二版)修订原则

伦理守则修订遵循以下五个基本原则:①遵守《精神卫生法》及相关法律条例。②顺应当下临床与咨询心理学专业工作不断扩展的需要。③考虑我国目前临床与咨询心理学专业工作的专业化发展水平。④兼顾目前临床心理学注册工作委员会可以执行的程度。⑤留有临床与咨询心理学专业工作的未来发展空间。

中国心理学会临床心理学注册工作委员会

伦理修订工作组、标准制定工作组

2018年5月3日

2018年8月24日

【附录 2】

中国心理学会临床心理学注册工作委员会
伦理投诉处理办法

一、宗旨：旨在落实《中国心理学会临床与咨询心理学工作伦理守则(第二版)》(以下简称"伦理守则")，指导伦理投诉案件处理，保障当事人福祉，保护注册人员权益，以提升心理咨询与心理治疗的服务质量和职业声誉。

二、适合对象：被投诉对象是注册系统专业人员或专业机构(以下简称"注册人员"和"注册机构")，并拥有有效注册身份；或虽已不是注册人员或注册机构，但被投诉行为发生在其有效注册期间；正在申请的注册人员或注册机构。

三、适用依据与时限

伦理工作组只受理实名投诉，遵守以下程序：

1. 填写《伦理投诉案件投诉书》，在文件上手写签名。

2. 附身份证或其他有效身份证件复印件。

3. 所有投诉材料电子版发送至伦理工作组邮箱，同时以挂号信方式邮寄到秘书处，收件人请写"秘书组转伦理工作组收"。

4. 伦理投诉必须以事实为根据，以伦理守则相关条文为依据。

5. 投诉案件发生时间与有效投诉发生时间相隔不超出 5 年，超出时限者不予受理，仅对投诉做备案处理，情节特别严重者另议。

四、处理程序

1. 伦理工作组接到对注册人员或注册机构投诉，采取一事一议原则。由伦理工作组组长联席会讨论是否为有效投诉。经讨论确定为有效投诉后，根据情况成立 3 人或 5 人伦理工作小组，签署伦理投诉案件处理工作小组保密协议，启动对伦理投诉案件的调查与质证相关工作。

2. 投诉人以及被投诉人签署投诉处理工作协议，承诺在投诉事件处理过程中不私下接触、不对外公开信息，以保证处理过程不受干扰，公平、公正地进行。

3. 伦理投诉案件处理工作小组完成相关调查后形成处理意见，交由伦理工作组组长联席会审议。对情节严重者，交由伦理工作组委员讨论通过形成决议，并将决议提交中国心理学会临床心理学注册工作委员会。

4. 如果已经确定为有效投诉，投诉人在投诉处理过程中提出放弃投诉，伦理工作组在尊重投诉人决定的同时，有责任根据可确认的被投诉人的伦理问题给予相应处理，或视情况根据已知晓的被投诉人违反伦理情况继续调查，并给予相应处理。

5. 如果是注册工作组在审核注册申请或更新注册申请材料过程中发现伦理问题，伦理工作组有责任针对发现问题继续调查，对申请人视情况给予相应处理。

五、申诉程序：投诉人或被投诉人如果对伦理工作组的投诉案件处理结果有异议，可在处理结果通知书发出一个月内向伦理工作组提出申诉，由伦理工作组进行审议，视情况反馈或再次启动调查与质证相关工作，以一次为限。如果对伦理工作组反馈结果仍持异议，可在处理结果通知书发出一个月内向注册系统监事组申诉。

六、伦理处理

1. 对违反伦理守则的注册人员或注册机构，依据10.8条款按情节轻重给予警告、严重警告、暂停注册资格、永久除名处罚决定。对不足以进行违纪处罚者，根据实际情况给予书面告诫、诫勉谈话等处理。

2. 对正在申请注册或处于公示期的申请人员或机构，如发现伦理问题或接到投诉，按违反伦理情节轻重建议注册组给予相应处理。若在公示期结束后发现申请人在公示期及以前存在伦理纠纷，伦理工作组有追诉的权利。

七、本处理办法的解释权归伦理工作组所有，自临床心理学注册工作委员会通过之日起执行。

中国心理学会临床心理学注册工作委员会
伦理工作组
2019年3月30日一稿
2019年9月9日二稿

【附录3】

中国心理学会临床心理学注册工作委员会
伦理投诉处理流程

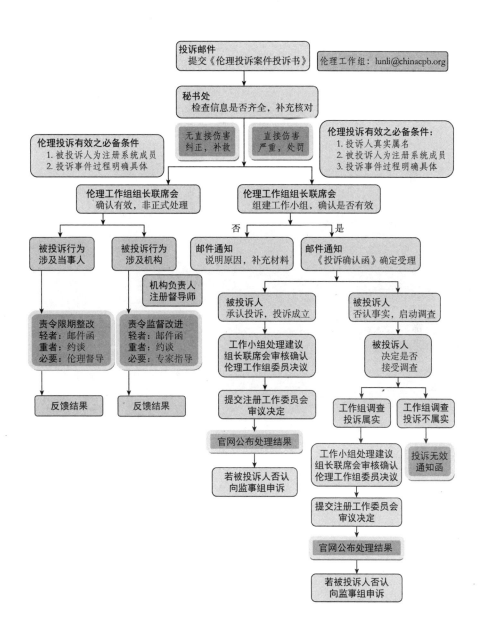

后 记

一、本书撰写背景

美国心理学会于1892年成立,因为不断有人投诉一些学会成员的不规范行为,1953年美国心理学会建立并发表了世界上第一个"心理学工作者的伦理学标准"。其后更名为《心理学工作者的伦理学原则和行为规范》,并于1981年、1992年、2002年、2010年和2016年多次修订。发表伦理准则是为了规范美国心理学会成员的行为,修订也是为了适应新形势下的发展需求。

中国心理学会伦理守则的发表及修订经历同样如此。20世纪80年代末到90年代初,为应对国内心理咨询与心理治疗领域出现的一些问题,中国心理学会和中国心理卫生协会责成两个下属的专业委员会——中国心理学会医学心理专业委员会、中国心理卫生协会心理治疗与心理咨询专业委员会起草了对心理咨询和治疗人员的管理条例,后经少量修改,以《卫生系统心理咨询与心理治疗工作者条例》为题发表在1993年的《心理学报》上。1999年,中国心理卫生协会将文件修改为《有关心理治疗与心理咨询工作者注册资格的规定》和《心理治疗与心理咨询工作者道德准则》两个单独的文件,并将这两个文件作为协会的正式红头文件下发到其下属的各专业委员会中[*]。遗憾的是,上述努力均停留在书面,文件没有得到真正的推广实施;而且限于当时学界对伦理的理解有限,1999年的文件以道德准则而非伦理准则命名。

---

[*] 见钱铭怡. 临床与咨询心理学专业机构与专业人员注册登记工作指南. 北京:北京大学出版社,2019.

2007年，中国心理学会临床与咨询心理学专业机构和专业人员注册系统成立，重要标志是在当年的《心理学报》上发表了两个纲领性文件：《中国心理学会临床与咨询心理学专业机构和专业人员注册标准》和《中国心理学会临床与咨询心理学工作伦理守则》。注册标准由钟杰带领起草；伦理守则由钱铭怡、陈向一、侯志瑾、李鸣等人负责起草。

在注册系统的推动下，许多以往临床与咨询心理学专业人员希望做成的工作，逐步得以开展。在伦理方面，注册系统的第一届至第三届伦理工作组在组长樊富珉教授的带领下，积极努力开展伦理宣传、伦理教育，处理伦理投诉，工作卓有成效，使伦理守则在国内心理咨询和治疗领域落地生根，成为第一个真正得以实施的伦理守则。

2016年，樊富珉教授又带领伦理工作组全体成员，在多年进行伦理实践的基础上，对2007年第一版伦理守则进行了修改，在广泛征求注册系统成员及国内专业人员意见的基础上，由注册系统的标准工作组认定，并最终提交中国心理学会常务理事会通过，完成了伦理守则第二版的修订工作。2018年，中国心理学会在《心理学报》上发表了《中国心理学会临床与咨询心理学专业机构和专业人员注册标准(第二版)》和《中国心理学会临床与咨询心理学工作伦理守则(第二版)》。

2018年，中国心理学会临床心理学注册工作委员会(注册系统的领导机构)换届，第四届伦理工作组在桑志芹教授的带领下，在做好伦理问题处理等工作之外，大力推进伦理守则的普及和培训工作。将伦理培训划分为三阶，与注册标准中助理心理师、心理师、督导师的伦理培训时数相对应。初阶伦理培训内容包括伦理概述(伦理的概念、历史简介及伦理总则的介绍)、专业胜任力和专业责任、专业关系、知情同意、隐私权和保密、心理测验与评估、伦理决策等内容；二阶伦理培训内容涉及伦理与法律、危机干预中的伦理议题、网络及计算机使用中的伦理议题、研究和发表中的伦理议题、特殊群体(儿童、青少年等)咨询的伦理议题、非个体咨询(家庭、团体)中的伦理议题以及伦理决策过程等内容；三阶伦理培训内容包括督导中的伦理议题、价值观与多元文化、教学与培训中的伦理议题、媒体沟通与合作中的伦理议题、伦理问题处理、伦理教学等内容。

至2019年，伦理工作组在注册系统的领导和支持下，已经分别进行了初阶和二阶的伦理师资培训，并于2020年初制作了初阶伦理培训的录像。在全国各地由注册系统督导培训项目点和不同单位组织了多次实地及网络的伦理培训(2020年新冠肺炎疫情暴发前均为实地培训)，仅2020年5~7月参加各地督导培训项目点组织的伦理培训的人数就达到了3794人，不仅扩大了注册系统的影响力，而且使伦理在专业领域日益深入人心，取得了良好的效果。

在培训过程中，组织者和参加者多次反映缺少相应的伦理教材和参考书籍。到目前为止，由我国学者撰写的伦理书籍屈指可数，许多专业人员参考的是由侯志瑾教授领衔翻译的两部来自美国的伦理书籍*。虽然这些书籍具有极高的参考价值，但仍然缺少结合我国国情的伦理守则的相关书籍。

在这种情况下，从2019年下半年开始，注册系统的伦理工作组就着手酝酿为心理咨询和治疗专业人员写一本基于中国心理学会伦理守则的参考书。伦理工作组现任组长桑志芹、副组长安芹和我，以及现任伦理组秘书陈昌凯一起讨论后确定了本书的书名：《〈中国心理学会临床与咨询心理学工作伦理守则〉解读》。

二、参与撰写本书的人员、写作思路及相关内容

本书是集体智慧的结晶，共有9位作者参与撰写了全书的12章内容。

第一章	概论	作者：钱铭怡
第二章	专业关系	作者：钱铭怡
第三章	知情同意	作者：桑志芹
第四章	隐私权与保密性	作者：桑志芹
第五章	专业胜任力和专业责任	作者：孟莉

---

* 维尔福. 心理咨询与治疗伦理：第3版. 侯志瑾，李文希，珠玛，等译. 北京：世界图书出版公司北京公司，2010；斯佩里. 心理咨询的伦理与实践. 侯志瑾，译. 北京：中国人民大学出版社，2012.

第六章　心理测量与评估	作者：高隽
第七章　教学、培训和督导	作者：陈向一，钱铭怡
第八章　研究和发表	作者：田成华，钱铭怡
第九章　远程专业工作(网络/电话咨询)	作者：安芹
第十章　媒体沟通与合作	作者：陈昌凯
第十一章　伦理问题处理	作者：安芹
第十二章　伦理决策	作者：马向真

本书的内容包括了对《中国心理学会临床与咨询心理学工作伦理守则(第二版)》的全部章节的解读。各章的内容基本上按如下结构排篇布局：对所解读的伦理守则章节的概述，对相关章节的主要伦理条款的解读，对与此章内容相关的典型案例的分析和讨论，以及该章的小结、思考题和参考文献。

对于本书涉及的咨询师称谓，第一章做了专门的说明，以此称谓指代心理咨询师和心理治疗师。如涉及伦理守则及相关内容，会依照伦理守则采用"心理师"的称谓。此外，在本书中，以来访者指代许多专业文献论及的个案、咨客、当事人等，而在涉及伦理守则时则采用寻求专业服务者的称谓。具体请参考本书第一章第一节的有关内容。

此外，本书为加深读者对伦理守则的理解，除了第十一章伦理问题处理之外，每章都有对经典案例的分析和讨论。其中涉及的案例，除了书中专门说明来源的，或者标注参考文献的案例，都是作者知晓的真实案例的改编，或将几个类似的案例加工整合而成，请勿对号入座。

本书的各位作者，有的是参加了2007年伦理守则第一版和2018年伦理守则第二版的编制和修订者；有些是从2007年开始就参与了伦理工作组的工作，也有些是从2018年开始参加伦理工作组的工作的；绝大多数作者都是伦理培训教师，有多年伦理培训经验。他们在各章节的写作中，学习了国内外相关的伦理条款及有关论著和研究文献，奉献了自己对伦理问题的理解和思考，与我国国情及文化紧密结合，有助于专业人员对伦理守则各章节的学习和理解。

当然，我们所有作者和读者一样，都是伦理守则的学习者。对伦理守则的持续学习以及在临床实践中不断遇到的新的伦理议题和挑战，不断加深着我们对不同伦理条款的认识和理解。此书各章的撰写，对我们来说，同样是一次学习的机会。也因此，限于我们对伦理条款的学习和理解水平，本书一定存在瑕疵，希望获得读者的批评指正；也由于伦理议题没有"唯一解"，我们也真诚地希望获得读者对不同伦理议题的真知灼见。

我们深知，在助人工作中，专业理论和专业技能是必不可少的，专业伦理也同样重要。樊富珉教授曾经将专业技能和专业伦理比喻为专业助人工作者的两个翅膀，缺一不可。专业理论和专业技能是我们帮助来访者的利器，而专业伦理帮助我们认清专业工作和专业关系的边界，能够判断什么是适宜的行为，什么是不适宜的行为。只有这样，我们才能既帮助到来访者、保护好来访者，又保护好我们自己；也只有这样，我们才能在专业的道路上更好地展翅飞翔。

钱铭怡

2020 年 10 月 2 日

于北京